ROBERT HÖCK

Das Hühnerbuch für Kids

Hier kannst du ein Bild von dir und deinem Huhn einkleben.

KOSMOS

INHALT

Das Huhn

Willkommen im Garten!

3. Freundschaft mit Hühnern schließen

4. Hühnerrassen im Porträt

1.

Das Huhn

DER VIELLEICHT WICHTIGSTE VOGEL FÜR MENSCHEN

DER HÄUFIGSTE VOGEL DER WELT

Das Huhn ist weit mehr als ein wichtiges Bauernhoftier. Trotz seiner Nutzeigenschaften kann man es auch prima seiner selbst willen halten, als liebenswertes Haustier, das zum Beobachten einlädt. Wenn du Geduld hast, kannst du deine Hühner sogar zähmen und Freundschaft mit ihnen schließen.

Das Huhn gehört zur Ordnung der Hühnervögel. Zu seinen Verwandten zählen andere bekannte Vögel wie Fasane, Pfauen, Wachteln, Puten, Perlhühner, Birkhühner und Schneehühner. Hühner sind sehr aktive Vögel, die viele Stunden am Tag mit der Futtersuche verbringen. Sie scharren nach Körnern, Insektenlarven und Würmern oder zupfen in der Wiese die saftigsten Kräuter und Grashalme. Manchmal kann man sie sogar dabei beobachten, wie sie auffliegende Insekten mit einer stürmischen Verfolgungsjagd fangen wollen. Plötzlich wirken sie hoch konzentriert und sind erstaunlich geschickte Jäger.

VON WEGEN „DUMMES HUHN"

Von uns Menschen bekommen Hühner oft den Stempel, dass sie verpeilte, planlose oder sogar dumme Tiere wären. Damit tut man ihnen unrecht, denn dumm sind Hühner nicht. Wer die Hühner beobachtet, wird das schnell feststellen. Hühner haben zum Beispiel eine überraschend vielseitige Sprache entwickelt, um sich mit ihren Artgenossen auszutauschen. Über 20 verschiedene Laute konnten wissenschaftlich beschrieben werden, vom rhythmischen Locklaut bis hin zum grellen Warnruf. Der Hahn spricht zu seinen Hennen auf spezielle Weise, genauso wie eine Mutterhenne eigene Lautäußerungen für ihre Küken parat hat. Auch mit uns Menschen „reden" zahme Haushühner. Sie erkennen zum Beispiel ihren Halter wieder und begrüßen ihn aufgeregt gackernd, wenn er sich dem Stall nähert. Für ihr Lieblingsfutter lernen Hühner sogar Kunststücke und merken sich Kommandos.

ÜBER 2 000 HÜHNERRASSEN

In der heutigen Landwirtschaft werden fast nur noch braune und weiße Hühner gehalten, aber eigentlich gibt es Hühner in vielen verschiedenen Farben und mit unterschiedlich beschaffenem Federkleid. Landwirte und Rassezüchter haben im Lauf der Jahrhunderte weltweit über 2 000 verschiedene Hühnerrassen gezüchtet. Manche davon sind winzig und wiegen nur 300 Gramm, andere werden fast 10 Kilogramm schwer und sind damit so groß wie Puten. Zwergrassen und Zierrassen sollen in erster Linie optisch schön sein und zeigen oft bunte Farbkombinationen oder ausgefallene Merkmale wie Federhauben am Kopf oder befiederte Beine. Wirtschaftsrassen sind hingegen reine Nutztiere und müssen die Menschheit mit Fleisch und Eiern versorgen. Leider lebt der Großteil der Hühner heute in der Massentierhaltung und kann von einem glücklichen Hühnerleben, so wie es in diesem Buch beschrieben wird, nur träumen. Man schätzt, dass es weltweit fast 25 Milliarden Hühner gibt! Damit gibt es auf der Erde mehr Hühner als Menschen.

WARUM GLÜCKLICHE HÜHNER ETWAS BESONDERES SIND

Ein glückliches Huhn zeigt dir seine Zufriedenheit, indem es sich hühnertypisch verhält. Beobachte deine Hühner anfangs möglichst viel, um zu erkennen, was „hühnertypisch" ist.

BLINDES HUHN?

Hühner sind nachtblind. Tagsüber sehen sie jedoch sehr gut, ihr Lebensrhythmus ist dem Tageslicht angepasst – sie sind tagaktiv.

Hühner sind sehr friedliche Tiere, die in sozialen Gruppen leben. Ein Huhn möchte niemals alleine leben. Es braucht immer mindestens einen Artgenossen um sich herum, um sich wohlzufühlen. Tagsüber bei der Futtersuche halten die Hühner durch Gackerlaute Kontakt zueinander. Auch das Krähen des Hahnes dient, neben anderen Funktionen, hauptsächlich dem Gruppenzusammenhalt und ist oft kilometerweit zu hören. Der Hahn sorgt auch dafür, dass am Abend alle Hennen rechtzeitig vor dem Dunkelwerden in den Stall gehen. Mit eigenen Locklauten erinnert er sie, wenn die Schlafenszeit gekommen ist. Dicht aneinandergekuschelt verbringen die Hühner dann die Nacht auf ihren Sitzstangen und bewegen sich in dieser Zeit kaum.

GLÜCKSREZEPT FÜR HÜHNER

Eigentlich brauchen Hühner nicht viel: Gutes Futter, einen gemütlichen Stall und ausreichend Platz im Freien sind die

Anforderungen zum Glücklichsein. Ein abwechslungsreich eingerichtetes Außengehege mit einem trockenen Sandplatz zum Staubbaden, ungiftigen Sträuchern, die Schatten und Deckung bieten, sowie Klettermöglichkeiten aus Baumstämmen und Steinen als Abenteuerspielplatz können das Wohlbefinden der Hühner deutlich steigern.

Auch die Gruppengröße spielt eine Rolle. Fünf bis zwölf Hühner mit einem Hahn sind ideal, aber auch etwas größere Gruppen können prima funktionieren. Wichtig ist, dass die Hühner eine stabile Hackordnung/Rangfolge untereinander ausmachen können, denn sonst gibt es ständig Streit in der Gruppe. In der Regel können sich Hühner maximal 70 Gesichter von Artgenossen merken. Leben sie also zu Hunderten oder Tausenden in großen Gruppen, so, wie die meisten Hühner es heute in der Landwirtschaft tun, haben sie permanent großen Stress. Sie fühlen sich unwohl, weil sie das Gefühl haben, die ganze Zeit von fremden Artgenossen umgeben zu sein. Auch sonst ist die Massentierhaltung nicht sehr artgerecht. Einseitige Fütterung, Platzmangel und mangelhafte Stallhygiene sind nur ein paar Probleme, die dem Durchschnittshuhn das Lebensglück vermiesen. In der Hobbyhaltung wollen wir es darum besser machen und die Hühner sollen hier möglichst alles bekommen, was sie brauchen, um sich rundum wohlzufühlen!

Auch wenn echte Glückshühner leider eine Seltenheit geworden sind: Jede gut versorgte Hühnerschar, um die sich jemand mit viel Liebe und Fachwissen kümmert, ist ein Gewinn.

DIE GESCHICHTE DES HAUSHUHNS

Hühner haben sich dem Menschen schon vor langer Zeit angeschlossen. Am Anfang wollten sie vermutlich freiwillig in der Nähe der Menschen leben, man könnte sogar von einer Symbiose zwischen Mensch und Huhn sprechen.

LIEBLINGS-VOGEL

Die Vorfahren unserer Haushühner waren sogenannte „Rote Kammhühner". Sie werden auch als Bankivahühner oder vereinfacht als „Wildhühner" bezeichnet und existieren noch heute in verschiedenen Regionen Südostasiens. Schon vor Jahrtausenden lebten viele Menschen in Asien und manche Dörfer befanden sich in Gebieten, die auch von diesen Wildhühnern bewohnt wurden. Wahrscheinlich haben vor rund 6 000 Jahren einzelne Gruppen von Wildhühnern gelernt, dass es in der Nähe menschlicher Siedlungen Abfälle und Speisereste gibt, die sie fressen können. Außerdem hielten sich in der Nähe der Menschen weniger gefährliche Raubtiere auf. Sie legten nach und nach ihre natürliche Scheu ab und wurden zutraulicher. Auch die Menschen waren clever und lockten die vorwitzigen Wildhühner mit Futter an. Irgendwann blieben die Hühner in den Siedlungen und zogen dort sogar ihre Küken groß. Die Bewohner des Dorfes konnten sich bei Bedarf schnell einen frischen Hühnerbraten fangen beziehungsweise Eier aus den Nestern entnehmen. Diese Art des Zusammenlebens hat über

GLANZ

Die grün schillernden Sumatra-Hühner sind ein Beispiel für eine uralte Rasse.

★★★

viele Jahrtausende gut funktioniert, denn sowohl Mensch als auch Huhn hatten klare Vorteile. Nach und nach wurden aus Wildhühnern echte Haushühner und irgendwann übernahm der Mensch die Kontrolle über das Geschehen. Er griff in die Fortpflanzung der Hühner ein und züchtete zum Beispiel neue Rassen, die in der Natur gar nicht überleben könnten.

ERSTE HÜHNERRASSEN

Die ersten Hühnerrassen wurden vermutlich speziell für Hahnenkämpfe selektiert und ähneln vielen heutigen Kampfhuhnrassen. Später in der Geschichte kamen auch Legerassen und fleischbetonte Mastrassen hinzu. Obwohl sich viele moderne Hühnerrassen heute in ihrem Aussehen stark von den wilden Kammhühnern unterscheiden, sieht man die Verwandtschaft immer noch sehr deutlich. Die Hähne der Rassen „Rebhuhnhalsige Italiener“ und „Sulmtaler“ sind zum Beispiel noch genau so bunt gefärbt wie die wilden Hähne. Viele langschwänzige Hühnerrassen wie Yokohama und Sumatra haben außerdem noch die fasanenartige Eleganz der Wildhühner und sehen überhaupt nicht aus wie landwirtschaftliche Nutztiere. Übrigens kann man Hühner theoretisch auch heute noch, wie vor 6 000 Jahren, halbwild und ohne Zaun halten. Wenn sie sich in ihrem Stall wohlfühlen und jeden Tag gefüttert werden, kommen sie freiwillig immer wieder zurück, denn sie sind standorttreu. Manche Bauernhofhühner dürfen tagsüber frei auf den Höfen herumlaufen, wenn sie Glück haben, und sind darum immer noch „ihre eigenen Chefs“ geblieben.

DIE SINNE DES HUHNS

Wer versteht, wie die Sinne der Hühner funktionieren, versteht vielleicht auch so manche seltsam anmutende Verhaltensweise seiner gefiederten Lieblinge besser.

Das Huhn besitzt die üblichen fünf Sinne wie Sehsinn, Hörsinn, Tastsinn, Geruchssinn und Geschmackssinn, genau wie wir. Hinzu kommt jedoch noch ein sechster Sinn: Sie haben einen magnetischen Richtungssinn, den man auch als Superfähigkeit bezeichnen könnte. Die einzelnen Sinne werden vom Huhn im täglichen Leben unterschiedlich stark eingesetzt.

GESCHMACKSSINN Er ist am wenigsten ausgeprägt, denn Hühner können nur zwischen salzig, süß, sauer und bitter unterscheiden. Schärfe nehmen sie gar nicht wahr, weshalb sie Chilischoten fressen, ohne eine Miene zu verziehen.

GERUCHSSINN Bei der Futtersuche verlassen sich die Hühner auf ihren Geruchssinn, um zu entscheiden, was fressbar ist. Der Geruchssinn der Hühner ist dem des Menschen ebenbürtig und man kann davon ausgehen, dass Hühner bestimmte Futterarten bewusst verschmähen, wenn ihnen der Geruch nicht zusagt.

TASTSINN Auch ihr Tastsinn hilft ihnen bei der Futtersuche, denn die meisten Tastrezeptoren befinden sich ganz vorne an der Schnabelspitze, wodurch der Schnabel viel empfindlicher ist, als man annehmen könnte. Auch an den weichen Fußballen haben Hühner Tastsensoren, die beim Scharren helfen, Futter zu finden. Hinzu kommen Vibrationssensoren an den Füßen, die Schwingungen am Boden und in der Luft wahrnehmen, weshalb Hühner zum Beispiel schnell einschätzen können, ob sich ein vertrauter Mensch nähert oder eine fremde Person.

SEHSINN Ein wichtiger Sinn für das Huhn ist der Sehsinn. Weil Wildhühner hauptsächlich in halb offenen Waldlandschaften leben, müssen sie sowohl in der Nähe als auch in der Ferne befindliche Objekte, Artgenossen und Feinde scharf sehen können. Die Augen befinden sich seitlich am Kopf, wodurch das Huhn einen fast vollständigen Rundumblick hat. Dreidimensional, so wie wir Menschen, können Hühner nicht sehen, darum brauchen sie länger, um Entfernungen einzuschätzen. Dazu drehen und neigen sie ihren Kopf ruckartig in unterschiedliche Winkel. Das sieht lustig aus und kann oft beobachtet werden.

HÖRSINN Der Hörsinn ist für das Huhn von großer Bedeutung, denn wenn es im dichten Unterholz nicht weit sehen kann, verlässt es sich fast vollständig auf das Gehör. Da Hühner in der Gruppe durch mehr als 20 verschiedene Lautäußerungen miteinander reden, hätte ein Huhn mit schlechtem Hörvermögen einen großen Nachteil im Sozialleben. Auch die Küken werden von ihrer Glucke schon in den ersten Lebenstagen auf spezielle Gackerlaute geprägt und lassen sich später so von ihr rufen.

DER MAGNETISCHE RICHTUNGSSINN Uns Menschen dürfte der sechste Sinn der Hühner, der magnetische Richtungssinn, am meisten faszinieren. Er erlaubt es wild lebenden Hühnerarten, die Lage von wichtigen Orten wie Schlafplätzen, Trinkgelegenheiten und Futterstellen auf dem Schirm zu behalten. Frei laufende Haushühner wissen dadurch zum Beispiel immer, wo sich ihr Stall befindet.

DIE SINNE DES HUHNS

01 Geschmackssinn
02 Geruchssinn
03 Tastsinn
04 Sehsinn
05 Hörsinn
06 Der magnetische Richtungssinn

DAS HÜHNEREI UND SEINE GEHEIMNISSE

Jedes Hühnerleben beginnt mit einem angepickten Ei, aus dem sich Schalenstück für Schalenstück ein kleines Küken befreit. Eier sind aus Sicht der Hühner für die Fortpflanzung da.

Ohne Zweifel ist das Hühnerei ein wichtiges Lebensmittel für die Menschheit. Viele Milliarden Eier werden jedes Jahr von uns verzehrt, nicht nur als Frühstückseier, sondern auch in weiterverarbeiteter Form, zum Beispiel in Süßspeisen, Burgern, Soßen und Aufstrichen. Für uns ist es selbstverständlich, dass Hühner Unmengen von Eiern legen, und leider hält sich auch unter Hobbyhaltern hartnäckig der Irrglaube, dass eine Henne jeden Tag ein Ei legen müsse. Selbst moderne Hochleistungshühner schaffen das jedoch kaum. Die besten der besten Legehennen legen 300 bis 330 Eier im Jahr und sind danach ausgelaugt und oft auch chronisch krank. Von diesen Legehühnern, auch Hybridhühner genannt, sollte man bei der Suche nach einer geeigneten Rasse am besten die Finger lassen.

LEGELEISTUNG Es gibt viele Hühnerrassen, die zwar „nur" 150 bis 200 Eier im ersten Jahr legen, dafür aber deutlich gesünder und somit glücklicher sind. Manche Zierrassen schaffen sogar nur 60 bis 100 Eier jährlich, aber auch das ist in Ordnung, weil man weiß, dass es den Tieren dafür viele Jahre gut geht. Man sollte jedes Ei, das einem die eigenen Hühner schenken, wertschätzen, denn der Hühnerkörper steckt in jedes viel Energie, beispielsweise in Form von wertvollen Proteinen und Mineralstoffen. Das ist deshalb so, weil in einem Ei alles vorhanden sein muss, damit sich ein überlebensfähiges Küken daraus entwickeln kann. Aus Sicht der Hühner dienen Eier nämlich nur der Fortpflanzung. Zum Glück sind sich die Hühner der Tatsache nicht bewusst, dass die Eier, die sie für uns legen, meistens auf dem Teller landen.

KÜKEN IM EI? Man muss übrigens keine Angst haben, dass aus dem Frühstücksei ein halb entwickeltes Küken zum Vorschein kommt. Ein Küken kann sich nur entwickeln, wenn das Ei befruchtet ist und bebrütet wird. Das Küken braucht 19 bis 21 Tage, um im Ei vollständig heranzuwachsen. Ein frisches Ei, das nicht bebrütet wurde, kann also bedenkenlos verzehrt werden.

DIE GRÖSSE EINES EIS kann stark schwanken, je nach Rasse und Alter des Huhns. Die kleinsten Eier werden von malaiischen Serama-Hühnern gelegt, sie wiegen oft nur 20 Gramm. Riesengroße Eier von bis zu 80 Gramm werden von der französischen Rasse Barbezieux produziert. Ein durchschnittliches Hühnerei wiegt zwischen 45 und 65 Gramm.

BUNTE EIER Sie müssen nicht immer braun oder weiß sein, sie können auch cremefarben, rosa, türkis, hellblau, dunkelbraun und zweifarbig gesprenkelt sein. Rassen mit ungewöhnlichen Eierschalenfarben sind zum Beispiel die französischen Marans und die südamerikanischen Araucana-Hühner.

EIER LEGEN !!!

SCHÖN BUNT

PASSEN HÜHNER ZU MIR?

Das Huhn ist kein Haustier für jedermann. Es hat seinen eigenen Tagesrhythmus und macht nicht immer das, was wir Menschen von ihm erwarten. Richtige Hühnerflüsterer wissen über alle Grundansprüche ihrer Hühnerschar Bescheid und entwickeln einen ruhigen, sanften Umgang mit ihnen.

Vor der Anschaffung der ersten eigenen Hühner sollte man über ein paar Punkte gründlich nachdenken, damit es später möglichst wenige Probleme gibt. Wenn man nicht auf einem Bauernhof wohnt, muss zum Beispiel geklärt werden, ob es gesetzlich erlaubt ist, in der Ortschaft oder in dem Stadtteil, in dem man lebt, Hühner im Garten zu halten. Auch die Nachbarn haben meistens ein Mitspracherecht. Der Platzbedarf ist auch nicht zu unterschätzen, denn die Hühner sollten deutlich mehr als nur ein paar Quadratmeter in der hintersten Ecke des Gartens zugeteilt bekommen. Zudem brauchst du die Unterstützung deiner Eltern bzw. aller anderen Mitglieder des Haushalts. Man kann sich auf Dauer nicht alleine um die Hühner kümmern, sondern braucht auch mal ein wenig Hilfe bei der täglichen Versorgung der Tiere. Vielleicht müsst ihr auch mal ein Huhn zum Tierarzt bringen.

Hühner machen jeden Tag ein bisschen Arbeit:

- Sie brauchen Futter und Wasser.
- Der Stall muss sauber gehalten werden.
- Morgens muss man das Türchen zum Freilauf öffnen,
- abends gewissenhaft wieder schließen.
- Und nicht zu vergessen ist das tägliche Beobachten der Tiere.

ALLES IM BLICK?

Nur wer seine Hühner jeden Tag wenigstens ein paar Minuten lang ausgiebig beobachtet, kann rechtzeitig erkennen, wenn etwas nicht stimmt. Wer den Großteil der Woche über wenig Zeit hat oder sich selbst eingestehen muss, dass ihm die Geduld für die Hühnerhaltung fehlt, der sollte seine Pläne noch mal überdenken. Als warnendes Beispiel kann hier der erste Corona-Lockdown dienen, der einen Hühnertrend auslöste. Viele Familien haben sich in dieser Zeit Hühner angeschafft, weil Eltern und Kinder mehr zu Hause waren als sonst. Als wieder Normalität einkehrte, wollten viele Familien ihre Hühner schnell wieder loswerden. Die Tierheime waren daraufhin viele Wochen lang mit lästig gewordenen Corona-Hühnern überfüllt. So etwas soll deinen künftigen Hühnern nicht passieren!

Hühnerflüsterinnen und Hühnerflüsterer entstehen nicht von heute auf morgen. Meistens muss man den Umgang mit den Tieren erst lernen, aber das geht schnell, wenn man sich von Anfang an ruhig und freundlich verhält, wann immer man bei den Hühnern ist. Hühner mögen keine hektischen Bewegungen, Krach und Geschrei machen ihnen Angst.

TIPP

Such dir Verbündete bei der Versorgung deiner Hühner. Wenn dir Freunde, Familie oder Nachbarn regelmäßig helfen, hast du immer jemanden, der auch notfalls einspringen kann und Bescheid weiß, wenn du z. B. mal krank bist oder du und deine Familie in den Urlaub fahrt.

DIE WAHL DER HÜHNERRASSE

Bei den Hühnerrassen findet man eine ähnlich große Vielfalt wie bei den Hunderassen dieser Welt. Weil sich die einzelnen Rassen nicht nur im Aussehen unterscheiden, sondern auch in ihren Charaktereigenschaften, kann es Spaß machen, sich mit den Unterschieden auseinanderzusetzen.

RUHIGE HÜHNERRASSEN Brahma, Seidenhuhn, Mechelner, Sundheimer, Orpington, Zwerg-Wyandotte
ZWERGHÜHNER Chabo, Serama, Zwerg-Cochin, Sebright, Holländisches Zwerghuhn, Bantam
RASSEN, DIE GUT LEGEN Amrock, Italiener, New Hampshire, Sulmtaler, Vorwerk, Welsumer
BUNTE EIER Araucana, Barnevelder, Bielefelder Kennhuhn, Cream Legbar, Marans

„Welches Huhn passt zu mir?" ist eine berechtigte Frage, die sich jeder Anfänger stellen sollte. Viele Hühnerrassen sind von ihrem Grundcharakter her aufgeweckt, lebhaft und auch ein bisschen hektisch, zum Beispiel Friesenhühner, Italiener, Kastilianer und Appenzeller Spitzhauben. Trotz einer ordentlichen Portion Neugierde verhalten sie sich gerade am Anfang auch ihrem Menschen gegenüber skeptisch und es braucht ein wenig Zeit und Geduld, bis sie einem vertrauen.

FÜR DEN EINSTIEG sind diese Rassen nur dann ideal, wenn man Hühner sucht, die man frei laufen lassen kann, weil sie gut auf sich selbst aufpassen können, und wenn einem handzahme Hühner nicht so wichtig sind. Ansonsten sollte man lieber Rassen wählen, denen eine gewisse Zutraulichkeit und Gelassenheit angezüchtet wurde. Hierfür sind Chabos, Zwerg-Cochins, Seidenhühner und Brahmas gute Beispiele. Diese Rassen sind auch eher flugfaul und machen vergleichsweise selten Probleme durch Ausbüxen, was den Start sehr entspannen kann.

GRÖSSE Bemerkenswerte Unterschiede lassen sich auch in der Größe der einzelnen Hühnerrassen entdecken. Kecke Zwerghühner wie Seramas, Sebrights, Bantams oder Ohiki werden kaum größer als eine Taube, großwüchsige Rassen wie Jersey Giants, Orpingtons und die schon erwähnten Brahams entwickeln sich zu regelrechten Riesen.

AUSSEHEN Vielen Hühnerhaltern ist auch wichtig, wie ihre Hühner aussehen, denn es gibt eine große Vielfalt an Gefiederfarben und Musterungen, die Züchter bei den einzelnen Rassen erschaffen haben.

LEGELEISTUNG Manchen Haltern sind die Legeeigenschaften wichtig. Hühnerrassen, die viele und/oder bunte Eier legen, werden wohl immer eine große Fangemeinde haben.

GEFÄHRDETE RASSEN Eine besonders edelmütige Entscheidung ist es, wenn man eine alte, stark gefährdete Hühnerrasse wählt, um bei ihrer Erhaltungszucht zu helfen. Dafür sollte man jedoch Erfahrung mit Hühnern haben.

DIE ROLLE DES HAHNS

Deine Hühner können auch ohne Hahn ein schönes Leben führen. Wenn du jedoch die Möglichkeit hast, einen Hahn zu halten, darfst du dich freuen, denn Hähne sind schön anzusehen und spannend zu beobachten.

Hähne sind heute ein seltener Anblick geworden, denn die wenigsten Hühnerhalter können es sich erlauben, überhaupt an die Haltung eines Hahns zu denken. Das laute Krähen, das er nicht nur in den frühen Morgenstunden, sondern auch tagsüber von sich gibt, sorgt bei Nachbarn immer wieder für Ärger. Und man kann nichts dagegen machen. Das Krähen gehört zum Hahn wie das Ei zum Huhn und ist ja eigentlich etwas Schönes. In der Natur hat das Hahnenkrähen zwei Funktionen: Es dient zum einen dem Zusammenhalt der Gruppe und soll zum anderen fremde Hähne einschüchtern, die im gleichen Gebiet herumstreifen. Hühnerreviere können in den Wäldern Asiens nämlich mehrere Quadratkilometer groß sein und das erklärt auch, warum man das Krähen kilometerweit hören muss.

ZUSAMMENHALT IN DER GRUPPE Wenn du das Glück hast, dass du einen Hahn halten darfst, macht das für den Tagesablauf deiner Hühner einen großen Unterschied. Hühner akzeptieren einen Hahn nicht immer sofort, aber wenn sie es einmal tun, orientieren sie sich automatisch an ihm und er bestimmt, wo es langgeht. Manchmal kann eine bestimmte Verhaltensweise vom Hahn grob wirken, dafür ist er in anderen Momenten sehr fürsorglich. Zum Beispiel frisst ein guter Hahn einen Leckerbissen, den er im Auslauf gefunden hat, nicht selbst,

KIKERIKI

Krähende Hähne können ganz schön laut sein für die Nachbarschaft.

★★★

sondern überlässt ihn seinen Hennen. Er zeigt ihnen aufgeregt gackernd an, wo sie ihn finden können. Auch kann ein Hahn seine Hennen in vielen Situationen beschützen, denn er ist immer wachsam und bemerkt meist als Erster, wenn ein Greifvogel am Himmel erscheint oder eine fremde Katze herumschleicht.

ZUCHT Für die Zucht sind Hähne unentbehrlich und die Auswahl muss sehr sorgfältig erfolgen, weil der Hahn ja meistens der alleinige Vater von allen Küken ist. Erbkrankheiten und unerwünschte Rassemerkmale können bei seinen Nachkommen schnell zum Problem werden, wenn der Hahn für die Zucht ungeeignet ist. Am besten lässt man sich von einem erfahrenen Züchter helfen. Wenn man nicht züchten möchte, kann man auch einen beliebigen Hahn, der einem gefällt, vor dem Kochtopf retten. Das Internet ist voll von Tieranzeigen, in denen Hähne kostenlos in gute Hände gegeben werden, weil Züchter bei ihren Küken meistens mehr männliche Küken haben, als sie brauchen. Zu kleinen Hennen sollte man nur Hähne in passender Größe geben, während es umgekehrt meistens nichts ausmacht, wenn ein Zwerghahn mit großen Hennen zusammenlebt. Obwohl Hähne gerne miteinander zanken, gelingt es bei vielen Rassen immer wieder, auch mehrere Hähne zu halten, meistens dann, wenn genügend Platz zum Ausweichen vorhanden ist.

TIPP

WAS TUN MIT AGGRESSIVEN HÄHNEN?

Es kommt immer wieder vor, dass Hähne plötzlich aggressiv auf Menschen reagieren. Wenn dir das passiert, muss dir ein Erwachsener helfen und den aufdringlichen Hahn in die Schranken weisen. Die am besten funktionierende Abwehrmethode erfordert ganz schön Mut, weil man den angreifenden Hahn hierfür beherzt packen muss und ihn mindestens zehn Sekunden lang zu Boden drücken soll. Das demütigt ihn und oft lässt er die Attacken nach mehreren Misserfolgen wieder bleiben. Auch ein ruckartig aufgeklappter, roter Regenschirm oder das Besprühen mit Wasser hilft manchmal gegen „böse Gockel". Hilft das alles nichts, ist es oft besser, sich von einem aggressiven Hahn zu trennen und es mit einem friedlicheren Exemplar zu versuchen. Kinder, Teenager und sogar Erwachsene werden weltweit immer wieder von Hahnensporen verletzt.

WO KANN MAN HÜHNER KAUFEN?

Auf der Suche nach den ersten eigenen Hühnern kann es einen großen Unterschied machen, bei wem man sich die Hühner kauft. Man muss auch nicht zwangsläufig neue Hühner kaufen, sondern kann älteren, ausrangierten Hennen ein neues Zuhause bieten.

ZÜCHTER-STOLZ

Der Yokohama-Züchter kann viele Informationen über seine Hühnerrasse weitergeben.

FAMILIE

Geflügelhändler sind oft Betriebe, wo Alt und Jung mit den Tieren arbeiten.

★★★

Es gibt zwei Hauptgruppen von Anbietern, bei denen man Hühner kaufen kann, nämlich Rassezüchter und Geflügelhändler. Rassezüchter haben oft nur wenige Tiere zum Verkauf, diese wurden jedoch von ihnen großgezogen und oft zählen ihre Hühner sogar zu besonderen Rassen. Geflügelhändler haben im Vergleich dazu oft ein großes Angebot an verschiedenen Hühnern vorzuweisen, diese stammen dafür fast immer aus großen Massenaufzuchten. Ein Händler züchtet nämlich nicht selbst, sondern handelt mit den Tieren. Das Sortiment der Händler besteht oft aus verschieden gefärbten Legehybriden, also im Grunde genommen aus Hochleistungstieren. Bei den Händlern sind die Hühner fast immer deutlich billiger als bei den Züchtern, aber wenn man die Wahl hat, sollte man Tiere vom Rassezüchter bevorzugen. Gewissenhafte Züchter kennen sich mit den Hühnerrassen, die sie halten und züchten, sehr gut aus und man bekommt darum im Normalfall auf jede Frage, die man hat, auch eine hilfreiche Antwort.

RETTE EIN HUHN!

Wenn du schon etwas Erfahrung mit Hühnern gesammelt hast, dir das Aussehen deiner Hühner nicht so wichtig ist und du außerdem etwas Gutes für Tiere in Not tun möchtest, steht dir noch eine dritte Möglichkeit zur Verfügung: Du kannst Hennen aus der Massentierhaltung retten! Jedes Jahr werden in Deutschland und Österreich Zigtausende Legehennen frühzeitig geschlachtet, weil sie nach einem Jahr des Eierlegens ausgelaugt sind und ihre Leistung nachlässt. Sie brauchen eine Pause und die gönnt man ihnen nicht. Tierschützer von Vereinen wie „Rettet das Huhn" haben es sich zur Aufgabe gemacht, so viele dieser Hennen wie möglich zu retten und an gute Plätze bei Privatpersonen zu vermitteln.

Wenn das auch etwas für dich ist, bitte am besten deine Eltern darum, dir bei der Kontaktaufnahme mit einem der Vereine zu helfen. Du musst dir aber im Klaren darüber sein, dass gerettete Hühner oft nicht sehr alt werden und möglicherweise auch deutlich öfter tierärztliche Hilfe brauchen. Wenn du starke Nerven hast, können dir solche Hühner besonders viel Freude machen, wenn sie sich wieder erholen, denn das ist dann der Verdienst deiner guten Pflege.

Ganz gleich, ob man Hühner beim Züchter kauft oder sie rettet, es ist immer gut, wenn man vorab weiß, wie man den Gesundheitszustand eines Huhnes beurteilen kann. Die nachfolgende Doppelseite erklärt dir, wie es gelingt.

DER GESUNDHEITSCHECK BEIM HUHN

Auch tiergerecht gehaltene Hühner können mal krank werden, darum ist es wichtig, zu wissen, wie man einen Gesundheitscheck beim Huhn macht und an welchen Tierarzt man sich im Ernstfall wenden kann.

Kranke Hühner sind oft nur bei genauerem Hinsehen zu erkennen. Darum ist es wichtig, dass du deine Hühner jeden Tag wenigstens ein paar Minuten lang genau beobachtest. Nur so kannst du rechtzeitig erkennen, wenn sich eines nicht wohlfühlt und etwas unternehmen. Ein sicheres Anzeichen dafür, dass etwas nicht stimmt, ist, wenn das Huhn sich anders verhält als sonst. Sitzt es zusammengekauert in der Ecke, plustert seine Federn auf und reagiert kaum auf das Geschehen ringsum, sollte man etwas unternehmen. Von Viren und Bakterien bis hin zu Vergiftungen und Verletzungen kommen viele Möglichkeiten infrage. Manchmal wirkt ein Huhn krank, obwohl alles in Ordnung ist, zum Beispiel wenn eine Henne gluckig ist. Solche „Glucken" wollen das Nest nicht verlassen und plustern laut krächzend ihre Federn auf, wenn man ihnen zu nahe kommt.

GESUNDHEITSCHECK

Ein schneller Gesundheitscheck beginnt beim Kopf und endet bei den Füßen des Huhns:

AUGEN Sie sollen klar sein und frei von Ausflüssen oder Schaum, was auf Erkältungen und Entzündungen hindeutet.

SCHNABEL Achte auf Verklebungen oder Krusten, besonders im Bereich der Nasenöffnungen. Der Oberschnabel überragt den Unterschnabel immer ein bisschen. Überlange Schnäbel oder Kreuzschnäbel müssen hin und wieder eingekürzt werden.

KAMM UND KEHLLAPPEN Bei legenden Hennen sind sie kräftig rot, bei kranken oder mausernden Tieren dagegen blass, hellrot und verkleinert. Frostschäden im Winter und Verletzungen bei Rangstreitigkeiten können hier manchmal Probleme machen.

GEFIEDER Im Federkleid verstecken sich gerne Parasiten wie Federlinge und Milben. Entdeckst du solche Krabbeltiere oder Ausscheidungen und Gelege davon, müssen sie bekämpft werden. Bei allen Hühnern sieht das Gefieder ziemlich übel aus, wenn sie mausern. Das ist normal!

KLOAKE/HINTERTEIL Hühner haben nur einen Ausgang für alles, sprich Eier und Kot verlassen das Huhn durch denselben Hinterausgang, die sogenannte Kloake. Der Kloakenbereich muss hin und wieder auf starke Verschmutzungen und Entzündungen überprüft werden.

FÜSSE Hühnerfüße halten ganz schön was aus. Man sollte sie auf Geschwüre an den Fußballen und Schäden an den Beinschuppen, beispielsweise durch Kalkbeinmilben, scannen.

KERN-GESUND

Klare Augen, ein sauberer Schnabel und leuchtend rote Hautpartien verraten es.

★★★

AB ZUM HÜHNER-DOC

- Wenn du etwas Unstimmiges an deinem Huhn entdeckst, ist die Hilfe eines hühnerkundigen Tierarztes oft lebensrettend für das Tier. Nicht alle Tierärzte kennen sich mit Hühnern gut aus. Am besten bittest du deine Eltern schon bei der Anschaffung der Hühner darum, dass sie sich nach einem geeigneten Tierarzt umsehen!

KRABBEL-TIERE

Der junge Züchter sucht nach Parasiten wie Hühnerflöhe und Federlinge.

★★★

ATEM-GERÄUSCHE

Rasselnde Atmung wäre ein schlechtes Zeichen und kann auf Erkältungen hinweisen.

★★★

WINTER-PFLEGE

- Bei Minusgraden Kämme und Kehllappen mit Ringelblumensalbe einfetten, das hilft gegen Erfrierungen.
- Du kannst Vitamine ins Trinkwasser geben, das hilft, gesund zu bleiben. Auch kalter Kamillentee ist gut.
- Hühner vertragen Kälte. Der Temperaturunterschied zwischen Stall und Auslauf sollte nicht zu groß sein.

WARM & KUSCHELIG

Federlinge verstecken sich gerne an warmen Stellen mit feiner, dichter Befiederung.

★★★

Willkommen im Garten!

WAS DIE HÜHNER BRAUCHEN, UM SICH WOHLZUFÜHLEN

2.

WAS GLÜCKLICHE HÜHNER BRAUCHEN

Hühner sind sehr robust und anpassungsfähig, anders könnten sie nicht jahrelang unter schlechten Haltungsbedingungen überleben. Ihr volles Potenzial entfalten sie aber erst, wenn es ihnen rundum gut geht, und du möchtest bestimmt auch dafür sorgen, dass es deinen gefiederten Lieblingen an nichts fehlt!

01 Hühner wollen einen geräumigen Stall, in dem Platz für mehrere Sitzstangen (ca. 40 cm Stangenlänge pro Huhn), ausreichend viele Legenester (auf drei Hennen sollte je ein Nest kommen) und etwas freien Scharraum ist (ein halber Quadratmeter pro Huhn). Zusätzlich sollte der Stall tagsüber hell sein und bei guter Belüftung immer frei von Zugluft.

02 Abwechslungsreiches Futter ist maßgeblich für das Hühnerglück. Neben dem Standardfutter aus dem Sack wollen deine Hühner auch regelmäßig Frischfutter und manchmal haben sie auch spezielle Gelüste, z. B. nach tierischem Protein oder Mineralfutter.

03 Frisches Wasser für die Hühner ist ein Muss und sollte immer zur Verfügung stehen. Im Winter bleibt das Wasser durch eine Tränkheizung eisfrei. Mit Vitamin- oder Kalziumzusätzen kannst du das Wasser für die Hühner zusätzlich aufwerten.

04 Ausreichend viel Platz im Freilauf ist wichtig, damit das Gelände dauerhaft grün bleiben kann. Für Zwerghühner sollten es 4 Quadratmeter pro Huhn sein, bei größeren Rassen rechnet man besser mit 6 bis 8 Quadratmetern je Tier.

05 Hühner wollen ein Staubbad nehmen für ihre Gefiederpflege und lieben es allgemein, zu scharren und zu buddeln. Hierfür brauchen sie einen lockeren, nicht verdichteten Bodengrund.

06 Schattenplätze und Ruhezonen üben im Freigelände eine magische Anziehungskraft auf Hühner aus, und zwar spätestens zur Mittagszeit, wenn sie erstmals am Tag eine ausgiebige Ruhepause einlegen. Bäume und Sträucher sorgen für beides.

07 Eine ausgewogene Gruppenzusammensetzung sorgt für ein harmonisches Zusammenleben in der Hühnerschar. Zu viele Hühner auf zu wenig Platz bedeutet andauernden Stress für rangniedere Tiere. Leben mehr als acht Hühner in einer Gruppe ohne Hahn, kommt es häufig zur Aufspaltung in kleinere Teilgruppen, die dann tagsüber gemeinsam unterwegs sind.

08 Ruhige Menschen haben einen positiven Einfluss auf das Glück ihrer Hühner, weil sie ihre Pfleglinge nicht in Panik versetzen, wenn sie auf der Bildfläche erscheinen. Wer einen sanften Umgang mit seinem Federvieh pflegt, bekommt mit der Zeit gechillte und entspannte Hühner, die sich angstfrei freuen, wenn „Frauchen" oder „Herrchen" kommt.

1.

3.

4.

5.

7.

8.

DER IDEALE HÜHNERSTALL

Den einen „perfekten" Hühnerstall gibt es nicht. Je nach Situation, Gruppengröße und Hühnerrasse kann ein gut geeigneter Hühnerstall recht unterschiedlich aussehen. Oft muss ein Stall auch den Menschen, die die Hühner halten, gefallen und praktisch sein.

Als Faustregel gilt 0,5 Quadratmeter pro Huhn, um den Platzbedarf im Stall für eine Hühnerschar zu ermitteln. Bei ruhigen Zwergrassen kann es etwas weniger sein. Umgekehrt können sehr große Rassen wie Brahmas und Jersey Giants, auch deutlich mehr Platz brauchen. Generell ist es klüger, den Stall von vornherein großzügig zu bauen, denn in den letzten Jahren kam es in vielen Regionen in Deutschland, Österreich und der Schweiz immer wieder zu einer behördlich verordneten Stallpflicht. Wochenlang dürfen die Hühner dann nicht ins Freie hinaus, zum Beispiel weil bei Wildvögeln in der Nähe die für Hühner hoch ansteckende Vogelgrippe entdeckt wurde. Wenn so ein Hühner-Lockdown plötzlich auch deine Schar betrifft, wirst du über jeden zusätzlichen Quadratmeter froh sein.
Plane am besten auch gleich eine überdachte Voliere mit ein, die den Bestimmungen der Vogelgrippe-Verordnung entspricht,

HOME

Umgebaute Gartenschuppen oder Eigenkreationen ergeben schöne Hühnerställe.

★★★

denn so können deine Hühner auch bei Stallpflicht ein wenig an die frische Luft. Klassischerweise sind Hühnerställe oft aus Holz, Ziegel oder Stein gebaut. Heute gibt es auch innovative Materialien wie die beliebten Sandwich-Paneele, die gut isolieren und leicht zu reinigen sind. Nicht so tierfreundlich sind Plastik-Hühnerställe oder umfunktionierte Kaninchengehege.

DER RICHTIGE STANDORT

Du solltest dir im Vorfeld überlegen, wo dein Hühnerstall im Garten stehen soll. Wenn du kannst, suche dir einen Platz mit Morgensonne aus. So haben die Hühner im Sommer wie im Winter bei Sonnenaufgang ein paar Sonnenstrahlen, sind aber im Sommer nicht der prallen Mittagshitze ausgesetzt. Bedenke bei der Standortwahl des Stalles auch, dass Hühner Lärm machen und der Mist für empfindliche Nasen übel riecht. Direkt am Gartenzaun, beim Lieblings-Grillplatz der Nachbarn, ist es daher vielleicht nicht so ideal ... Aus vielen Gründen toll sind erhöhte Hühnerställe, bei denen der Stallboden etwa 30 bis 50 cm Abstand zum Boden hat. Ratten und Mäuse können sich so nicht so leicht bei den Hühnern einnisten und die Hühner finden tagsüber unter dem Stall Schutz vor Wind und Wetter und haben einen Schattenplatz. Auch mobile Hühnerställe mit Rädern sind eine Überlegung wert, weil man sie regelmäßig umstellen kann, sodass die Hühner wieder frisches Grün beim Stall haben, oder weil sich unterschiedliche Standorte zu unterschiedlichen Jahreszeiten als besser geeignet herausgestellt haben.

TIPP

Wenn du die Möglichkeit dazu hast, solltest du einen zweiten, kleineren Stall für Notfälle bereithalten. Er kann für die Quarantäne genutzt werden, wenn Hühner krank sind, neue Hühner gekauft werden oder einer brütenden Henne mit Küken als Ausweichquartier dienen.

EIN HÜHNERGERECHTER AUSLAUF

Auch im Außenbereich, in dem sich die Hühner aufhalten dürfen, kann man vieles dafür tun, dass die Hühner ihn gern und ausgiebig nutzen. Je mehr sich deine Hühner bewegen und beschäftigen, um so fitter und gesünder bleiben sie.

GRÜNE DECKUNG

Die Hühner lieben es, unter den hängenden Zweigen der Trauerweide zu picken und zu scharren.

★ ★ ★

Hühner brauchen im Freien einiges an Platz, damit ihr Gehege auch auf Dauer schön bleibt. Je nach Rasse sollte man etwa 4 bis 8 Quadratmeter pro Tier einplanen. Wenn sogar deutlich mehr Platz zur Verfügung steht, kann die Fläche auch in zwei Parzellen aufgeteilt werden. Dadurch ist es möglich, eine sogenannte „Wechselweide“ zu betreiben, bei der die Hühner immer abwechselnd nur die eine oder die andere Hälfte betreten dürfen. Der Außenbereich wird dadurch nicht überstrapaziert oder „hühnermüde“.

DER RICHTIGE ZAUN ist für eine rundum gelungene Hühnerhaltung von großer Bedeutung. Maschendrahtzäune, Lattenzäune und Doppelstabmattenzäune sind besonders stabil. Oft zum Einsatz kommen auch mobile Netzzäune, die man nach Bedarf umstecken kann. Sie eignen sich jedoch nur für große Rassen. Für besonders flugfaule Hühnerrassen wie Brahmas, Seidenhühner und Zwerg-Cochins genügt schon eine Umzäunung von 1 Meter Höhe. Andere Rassen wie Friesenhühner, Holländische Zwerge und Appenzeller Spitzhauben sind sehr lebhaft und überfliegen sogar mühelos 2 Meter hohe Zäune. In solchen Fällen ist es notwendig, das Freigehege nach oben hin mit einem Netz abzusichern. Es sollte möglichst stabil und grobmaschig sein, damit es nicht so leicht zur Falle für kleine Singvögel wird. Solche Netze können gleichzeitig auch zur Absicherung gegen Greifvögel dienen.

DIE EINRICHTUNG Für die Hühner selbst zählt in erster Linie die Einrichtung ihres Außenbereiches. Ein überdachter Sand-Badeplatz ist ideal zum Staubbaden und Scharren. Wurzeln, Steine, Baumstämme und Äste laden zum Klettern und Hochflattern ein. Hühner wissen Bäume und Sträucher als Gehegebepflanzung sehr zu schätzen. Sie fühlen sich in der Deckung zwischen Büschen wohl und finden auch den Schatten toll, den die Bäume im Sommer werfen. Damit Hühner die Wurzeln von frisch eingepflanzten Gehölzen nicht durch ihre Scharrtätigkeiten schädigen, legt man am besten einige größere Natursteine rund um die Pflanzen herum aus. Kletterpflanzen, die den Hühnerzaun begrünen, kann man auch von außen zu den Hühnern hineinranken lassen.

GEEIGNETE BÄUME Roter Zierapfel, Pyramiden-Hainbuche, Trauerbirke, Schwarzährige Weide, Blutpflaume

STRÄUCHER Latschenkiefer, Bluthasel, Koyoten-Weide, Weigelie, Roter Teufelsstrauch

KLETTERPFLANZEN Hopfen, Schlingknöterich, Japanisches Geißblatt, Weinrebe, Schokoladenwein

NASSE FÜSSE

... sind für ein Huhn kein Problem, aber schwimmen können Hühner leider nicht.

★ ★ ★

GEFAHREN IM GARTEN

Garten und Hof sind für deine Hühner Lebensraum und Abenteuerspielplatz zugleich. Es lauern im Freien aber immer auch viele Gefahrenquellen, die du kennen solltest.

VORSICHT, WASSER! Hühner können nicht gut schwimmen, weshalb es immer wieder passiert, dass sie ertrinken. Achte darauf, dass sie nicht in Regentonnen, Planschbecken, Swimmingpools oder große Wassereimer fallen können. Ein Gartenteich ist meistens kein Problem, wenn er flache Bereiche am Ufer hat, die mit Pflanzen bewachsen sind, denn dort finden die Hühner von allein wieder aus der Gefahrenzone heraus. Für kleine Küken kann leider schon eine offene Trinkschale mit Wasser tödlich enden.

ACHTUNG, GIFTIG! Dort, wo die Hühner im Garten laufen, dürfen auch keine giftigen Mittel wie Schneckenkorn, Dünger oder Unkrautvernichter offen herumstehen, denn neugierige Hühner probieren alles aus. Sogar Säcke mit Blumenerde können problematisch sein, wenn sie Dünger und künstliche Zusätze wie Perlite beinhalten. Eine ständige Gefahr geht auch von Giftpflanzen im Garten aus. Viele giftige Gewächse werden von den Hühnern kaum beachtet, solange es genügend ungiftiges Grünzeug gibt, an dem sie zupfen können. Das muss aber nicht so sein, darum musst du deine Schützlinge gut beobachten und solltest ein paar wichtige Giftpflanzen kennen.

FRESSFEINDE Eine ständige Gefahr geht auch von Greifvögeln wie Habicht, Sperber und Milan aus. Vielleicht haben andere Hühnerhalter in deiner Nähe Erfahrung damit, ob Greifvögel in deiner Gegend ein Problem sind. In manchen Stadtgebieten sind Fuchs und Waschbär inzwischen richtig zahm und sie sind dann auch tagsüber unterwegs und schnappen sich bei Gelegenheit unaufmerksame Gartenhühner. In solchen Regionen kannst du deine Hühner natürlich nur unter Aufsicht außerhalb einer sicheren Voliere laufen lassen. Das gilt auch, wenn streunende Katzen oder Hunde in der Nachbarschaft leben, die Gefallen an Hühnern finden. Mehr zum Thema Hühner und andere Haustiere findest du auf der Doppelseite 52 – 53.

OH HUHN!
Waschbär und Habicht sind nur zwei von vielen Feinden, die Hühner mögen.
★★★

WAS HÜHNER FRESSEN

„Hühner fressen Körner." Das hast du bestimmt auch schon oft gehört. Tatsächlich fressen Hühner aber auch noch viele weitere Dinge und werden dadurch sogar zu den Allesfressern gezählt.

Würmer, Larven, Fluginsekten, Blätter, Kräuter, Gräser, Sämereien und Wurzeln zählen zur regelmäßigen Nahrung von Hühnern, die wild leben und sich daher selbst versorgen müssen. Auch beim Fressen von ungewöhnlichen oder sogar ekligen Dingen wurden sie schon beobachtet, zum Beispiel fressen sie auch Aas, leere Schneckenhäuser, Baumrinde, Holzstückchen, Lehm, Erde und Steinchen.

Die Erde und die Steine sind für die Hühner sogar sehr wichtig, denn sie dienen als Verdauungshelfer. Während die Erde beim Entgiften unterstützend wirkt, helfen die Steine im Muskelmagen beim Zerkleinern von festen Nahrungsbestandteilen. Auch Gartenhühner fressen übrigens alle aufgezählten Dinge gelegentlich, wenn sie diese finden, selbst wenn ihnen immer ausreichend Futter zur Verfügung steht.

ABWECHSLUNGSREICHES FUTTER

Hühner wollen sich instinktiv vielfältig ernähren, darum solltest du ihnen zusätzlich zur Körnerkost zum Beispiel auch immer vitaminreiches Frischfutter anbieten. Das ist besonders im Winter wichtig, wenn der Boden gefroren ist und sie im Au-

LECKER!

Würmer, Insekten, Gräser, Kräuter, Obst und Getreide mögen Hühner gern.

★★★

ßengehege nichts mehr finden. Daneben dürfen auch tierische Eiweißquellen in geringeren Mengen auf dem Hühner-Menüplan stehen. Um diesen Bedarf abzudecken, sind bestimmte Milchprodukte wie Quark, Naturjoghurt und Hüttenkäse geeignet oder auch Mehlwürmer. Auch einige Lebensmittel können für die Hühner mitgekocht werden. Hierzu zählen Reis, Nudeln, Sonnenweizen und Kartoffeln. **WICHTIG** ist, dass diese Dinge **SALZARM** gekocht werden.

FERTIGFUTTER

Als Basis-Hühnerfutter dient eine fertige Futtermischung aus dem Sack. Dabei ist es wichtig, die ideale Mischung für die eigene Hühnerschar zu finden, denn die Zusammensetzung unterscheidet sich stark, je nachdem, ob das Futter für Küken, Junggeflügel, Rassegeflügel, Legehennen oder Zwerghühner gedacht ist. Auch der Verarbeitungsgrad des Futters ist nicht immer gleich. Es gibt ganze Körner, geschrotete Körner, gemahlenes Futtermehl oder auch gepresste Pellets. Manche hochwertige Mischungen beinhalten neben normalen Getreidesorten auch Sonnenblumenkerne, Hirse, Erbsen, Möhrenschnitzel und Kräuter. Oft picken sich die Hühner aus solchen bunten Futtermischungen nur ihre Lieblingszutaten heraus, weshalb man nicht zu große Mengen auf einmal füttern sollte. Fülle lieber öfter mal nach. Die Hühner sollten auch immer eine hochwertige Mineralfuttermischung zur Verfügung haben. So verhindert man Mangelerscheinungen wie z. B. Kalziummangel. In manchen Futtermischungen sind auch schon mineralisierte Pellets enthalten.

TIPP

Gesundes Frischfutter aus dem Gemüsegarten
Möhre, Rote Bete, Pastinake, Kopfsalat, Feldsalat, Pak Choi, Grünkohl, Mangold, Blattspinat, Kürbis, Gurke, Petersiliengrün

Gesundes Frischfutter von der Naturwiese
Löwenzahnblätter, Luzerne, Spitzwegerich, Gänseblümchen, Melde, Beinwell, Vogelmiere, Giersch, Wiesengräser.

SCHÄDLICHE NAHRUNGSMITTEL FÜR HÜHNER

Obwohl Hühner sogenannte „Allesfresser" sind, heißt das nicht, dass sie auch alles fressen dürfen. Vorsichtig muss man zum Beispiel immer sein, wenn man Speisereste verfüttern möchte, denn nicht alles, was wir Menschen essen, bekommt auch den Hühnern gut.

SALZ Für uns Menschen ist ein gewisser Anteil an Salz in der Nahrung relativ wichtig, damit wir dauerhaft gesund bleiben können. Bei Hühnern ist das anders, denn sie brauchen im Vergleich zu uns fast gar kein Salz. Schon ein Salzgehalt von einem Prozent in ihrem Futter kann zu starken Durchfällen führen. Verfüttere darum nie stark gesalzene Essensreste an deine Hühner. Wenn Reis, Kartoffeln oder Nudeln extra für Hühner gekocht werden, sollte man das Kochwasser nicht salzen.

ROHE KUHMILCH bekommt Hühnern nicht sonderlich gut. Erwischen sie zu viel davon, kommt es zu schweren Verdauungsstörungen und sie hören manchmal sogar eine Weile auf, Eier zu legen. Manche verarbeitete Milchprodukte werden dagegen überraschend gut vertragen, wie z. B. Hüttenkäse. Und natürlich sollte man Hühnern keine koffeinhaltigen oder mit Alkohol getränkten Essensreste anbieten. Logisch, oder?

BEI ZUCKER UND SCHOKOLADE schaden kleinere Mengen den Hühnern nicht, aber beides hat auf dem Menüplan der Hühner nichts verloren, ebenso wie alles, was extrem gewürzt ist.

UNBEKÖMMLICHES OBST UND GEMÜSE Wirklich tückisch verhält es sich mit manchen Obst- und Gemüsesorten, die für uns Menschen als „Superfood" gelten, aber für Hühner gefährlich sind. Die Avocado ist hier ein Paradebeispiel, denn sie ist für alle Vögel und somit auch die Hühner stark giftig. Fressen Hühner zu viel Avocado, sterben sie durch die darin enthaltene Substanz Persin. Kein ideales Hühnerfutter sind auch Zitronen und Tomaten, denn beide beinhalten sehr viel Säure, die vor allem bei Küken die Magenschleimhaut angreifen kann. In rohem Zustand giftig oder zumindest unbekömmlich für die Hühner sind Kartoffeln, viele Bohnensorten, Auberginen und auch die meisten Speisepilze.

EINGEWEICHTES BROT Die Hühner stürzen sich auf solche Leckerbissen. Kleine Mengen Brot schaden den Hühnern nicht, schließlich besteht Brot ja überwiegend aus Getreide und das fressen sie auch so. Problematisch wird es aber, wenn das Brot chemische Zusätze beinhaltet, stark gesalzen ist oder schon schimmelt.

GIFT FÜR HÜHNER

Zitrusfrüchte und Avocado gehören nicht zum gesunden Obst für Hühner.

WAS TUN, WENN EIN HUHN BRÜTEN MÖCHTE?

Glückliche Hühner, die sich wohlfühlen, wollen vielleicht auch mal Küken haben, also ein Gelege im Nest fertig ausbrüten. Wird eine Henne gluckig, liegt es an dir und deiner Familie, zu entscheiden, ob Nachwuchs gewünscht ist.

Wenn du zum ersten Mal eine gluckige Henne entdeckst, wirst du vielleicht erschrecken, denn diese Hennen wirken oft so, als seien sie krank. Sie wollen das Nest nicht verlassen und krächzen empört, wenn man sich nähert. Möchte man sie aus dem Nest heben, sträuben sie das Gefieder. Davon musst du dich nicht einschüchtern lassen, gib aber acht, dass sie dich nicht pickt! Wenn du eine Glucke hast, stellt sich die Frage, ob es Sinn macht, sie brüten zu lassen. Ist kein Hahn in der Gruppe, können die Eier nicht befruchtet sein und damit würden auch keine Küken schlüpfen. Dann sollte man der betreffenden Henne die Strapazen des Brütens ersparen. Hast du jedoch einen Hahn, sind die Eier entwicklungsfähig und es würden nach spätestens 21 Tagen Brutzeit Küken schlüpfen. Anfangs kann man eine Brut noch relativ problemlos abbrechen. Ist genug Platz für die Küken da? Macht es Sinn, die Hühner, die man hält, zu vermehren? Wären die Küken reinrassig oder Mischlinge? Wohin mit den Küken, wenn sie größer sind? Was tun, wenn viele Hähne darunter sind? All diese Fragen solltest du mit deiner Familie besprechen, bevor die Glucke das „Go" bekommt.

WEG DA!

Glucken verteidigen ihre Küken zur Not mit vollem Körpereinsatz.

★★★

Lässt man eine Glucke brüten, muss man sie vielleicht samt Gelege und Nest in einen eigenen Gluckenstall umsiedeln oder zumindest an ein ruhigeres Plätzchen bringen. Das geht am einfachsten, wenn es dunkel ist. Lass dir dabei helfen. Eine Henne kann 5 bis 12 Eier erfolgreich ausbrüten. Die Brutzeit dauert 19 bis 21 Tage. Während der Brutzeit muss die Henne das Nest manchmal verlassen, um zu fressen, zu trinken und abzukoten. Macht sie das nicht selbstständig, muss man sie wenigstens alle zwei Tage vorsichtig vom Nest herunter nehmen. Wenn sie alles erledigt hat, geht sie von allein wieder auf das Nest zurück und brütet weiter. Den Eiern schadet es nicht, wenn sie mal eine halbe Stunde lang auskühlen. In den letzten beiden Tagen vor dem Schlupf sollte man die Glucke möglichst nicht mehr stören. Sie spricht jetzt bereits mit sanften Gackerlauten durch die Eischalen hindurch mit ihren Küken und bereitet sich auf deren Schlupf vor. Der Schlupfvorgang ist ein Geduldsspiel, was du vielleicht mal erleben kannst, wenn du den Küken in einem Brutapparat beim Schlüpfen zuschauen darfst. Vom ersten erfolgreichen Anpicken des Eies bis zum endgültigen Aufbrechen der Schale vergehen manchmal bis zu 12 Stunden, weil das Küken sich zwischendurch ausruhen muss. Eine Glucke zeigt dir ihre Küken meistens erst am Folgetag des Schlupfes. Am Schlupftag selbst bleiben die Kleinen noch unter ihrem Federkleid verborgen und erholen sich. Fressen und trinken müssen sie noch nicht.

TIPP

ENTGLUCKEN

Wenn eine gluckige Henne nicht brüten soll, muss man sie entglucken. Am besten gelingt das, indem man sie tagsüber aus dem Stall sperrt, sodass sie nicht auf ihr Nest kann. Sie braucht draußen Futter, Wasser und Schutz vor Wind und Wetter. Nachts setzt man sie dann, sobald es dunkel ist, auf eine der Sitzstangen zu den anderen Hühnern. Wenn man diese Prozedur zwei bis vier Tage lang wiederholt, verlieren die meisten Hühner das Interesse am Brüten.

KÜKEN ERFOLGREICH GROSSZIEHEN

Es gibt zwei verschiedene Möglichkeiten, wie Küken aufwachsen können, nämlich die Naturbrut und die Kunstbrut. Beide Varianten führen später zu gesunden Hennen und Hähnen, wenn die Bedürfnisse des Nachwuchses stets gut erfüllt sind.

Wenn du das Glück hast, Küken großziehen zu können, wirst du staunen, wie schnell sich die Kleinen entwickeln. Nur in den ersten Tagen sind sie rundherum flauschig, doch schon ab dem vierten Lebenstag sind an den Flügeln deutliche Federn erkennbar und manche Küken haben nach einer Woche bereits regelrechte „Engelsflügel" mit langen Schwungfedern. Das hat die Natur so eingerichtet, damit die Küken schon früh in Sicherheit flattern können, wenn Gefahr droht. Damit Küken sich gesund und ihrer Rasse entsprechend entwickeln, brauchen sie anfangs vor allem zwei Dinge: **WÄRME** und **GUTES FUTTER!**

WÄRME bekommen Naturbrutküken von ihrer Mutter, die sie jederzeit unter ihre Federn nimmt. Kunstbrutküken brauchen dagegen in ihrem Kükenheim eine künstliche Wärmequelle, zum Beispiel eine Rotlichtlampe oder eine Wärmeplatte. Beide sind höhenverstellbar und sollten so eingestellt werden, dass

NEST-FLÜCHTER

Küken wachsen schnell und haben bereits nach 5 Tagen Federn an den Flügeln.

sie der Größe der Sprösslinge entsprechen. Es muss aber auch kühlere Bereiche geben, die die Küken aufsuchen können, wenn es ihnen unter der Wärmequelle zu warm wird.

AUFZUCHTFUTTER

Das Basisfutter für die Küken sollte in den ersten Lebenswochen ein spezielles, proteinreiches Aufzuchtfutter für Küken sein. Ab der fünften Lebenswoche kann man dieses jedoch Schritt für Schritt durch eine Futtermischung für Junggeflügel ersetzen. Zusätzlich sollen die Küken bereits ab der ersten Lebenswoche auch Frischfutter bekommen wie Feldsalat, Petersiliengrün oder Löwenzahnblätter.

FRISCHES WASSER Wichtig ist, dass die Küken immer frisches Trinkwasser zur Verfügung haben. Man kann ihnen anfangs ab und zu etwas lauwarmen Kamillentee in ihr Wasser mischen, denn er regt die Verdauung an und wirkt entzündungshemmend. Küken werden nach zwei bis drei Wochen ganz schön lebhaft und wollen kleine Abenteuer erleben. Sandkisten zum Buddeln, Scharren und Staubbaden kannst du ihnen als Beschäftigung ebenso anbieten wie Kletteräste und Steinaufbauten zum Hochflattern. Nach etwa sechs bis acht Wochen sind die Küken groß genug, um ohne Glucke zu überleben. Die Henne nabelt sie möglicherweise ziemlich unsanft ab. Es kann sein, dass die Kleinen dann vorerst ihren eigenen Stall brauchen, damit sie ihre Ruhe haben. Voll ausgewachsen sind Küken je nach Rasse mit 6 bis 15 Monaten. Die Hennen legen mit 5 bis 8 Monaten ihre ersten Eier, Hähne krähen nach 3 bis 7 Monaten erstmals.

TIPP

Ein Geheimtipp aus früheren Zeiten sind geriebene Möhren, die mit Haferflocken, etwas gekochtem Ei und Kräutern vermischt werden. Diese Rezeptur kann man jeden Tag frisch für die Küken zubereiten und manche Züchter geben auch noch gehackte Brennnessel dazu.

Freundschaft mit Hühnern schließen

AUCH WENN DEINE HÜHNER IN IHRER EIGENEN WELT LEBEN, LERNEN SIE MIT ETWAS GLÜCK, DIR ZU VERTRAUEN, UND FREUEN SICH, WENN DU KOMMST!

3.

ZAHME HÜHNER

Manche Hühnerrassen sind von Natur aus freundlicher und ruhiger als andere. Bei allen Rassen kannst du jedoch auch Unterschiede zwischen den einzelnen Tieren feststellen, weil letztlich jedes Huhn ein Individuum ist.

Wie zahm ein Huhn im besten Fall werden kann, hängt erstaunlich oft damit zusammen, welcher Rasse es angehört. Viele alte europäische Hühnerrassen sind von ihrem Verhalten her halb wild. Sie mussten früher auf den Bauernhöfen gut auf sich aufpassen können, weil sie tagsüber meistens frei herumliefen. Darum sind Altsteirer, Deutsche Sperber, Brakel, Ostfriesische Möwen, Steinpiperl, Brabanter Bauernhühner, Lakenfelder oder Hamburger Silberlack-Hühner zum Beispiel keine gute Wahl, wenn dir handzahme Hühner wichtig sind.

VIELE MODERASSEN, aber auch auffallend viele Hühnerzüchtungen, die ihren Ursprung in Asien haben, sind deutlich gechillter. Seramas, Chabos, Seidenhühner und Zwerg-Cochins sind Paradebeispiele für Kuschelhühner aus Fernost. Daher findest du zu diesen vier Rassen ausführliche Porträts im hinteren Teil des Buches. Unabhängig von der Rasse spielt auch die Aufzucht eine große Rolle, ob ein Huhn zutraulicher ist oder nicht. Wenn es schon als Jungtier beim Züchter viele positive Erfahrungen mit Menschen gemacht hat, wird es auch als ausgewachsenes Huhn ein gewisses Grundvertrauen beibehalten.

SCHLECHTE BEDINGUNGEN Hühner aller Rassen bleiben oft ihr Leben lang zurückhaltend und skeptisch, wenn sie während ihrer Aufzucht kaum beachtet wurden. Leider stellen manche Züchter ihren Tieren nur Futter und Wasser zur Verfügung, ohne sich mit ihnen zu beschäftigen. Noch schlimmer ist es, wenn sie recht grob und hektisch mit ihrem Geflügel umgehen. Tiere von solchen Züchtern sind anfangs oft stark eingeschüchtert und erschrecken sich wegen jeder Kleinigkeit. Da brauchst du viel Geduld, um diese Hühner zu zähmen. Auf der nächsten Doppelseite bekommst du nützliche Tipps.

TIPP

Die allerzahmsten Hühner bekommst du jedoch, wenn du sie vom Kükenalter an bei dir hast und sie gewissenhaft aufziehst. Sie kennen dich dann von ihrem ersten Lebenstag an und du bist selbst für ihre Erfahrungen mit Menschen verantwortlich.

ZÄHMEN

Die Kinder lernen hier vom großen Bruder, wie man mit Hühnern richtig umgeht.

★★★

YEAH

TIPPS UND TRICKS ZUM HÜHNERZÄHMEN

Wenn dir handzahme Hühner besonders wichtig sind, kannst du schon vom ersten Tag an bestimmte Dinge beherzigen, die es den Hühnern leichter machen, um sich an dich zu gewöhnen.

DEIN EIGENES VERHALTEN ist von großer Bedeutung, wenn du bei deinen Hühnern bist. Hühner haben Angst vor schnellen, hektischen Bewegungen und können dich deutlich besser einschätzen, wenn du dich ruhig verhältst und dich mit langsamen, gleichmäßigen Bewegungen näherst. Das gilt für alle Situationen, ob du den Stall ausmistest, die Hühner fütterst oder Eier sammelst.

ANLOCKEN Du kannst dir einen bestimmten Lockruf ausdenken, den du immer machst, wenn du den Hühnern Futter bringst, denn sie werden diesen Ruf schnell mit einem positiven Erlebnis verknüpfen. Später kannst du diesen Lockruf in Ausnahmefällen auch mal anderweitig verwenden, wenn du die Hühner beispielsweise anlocken musst, um ein bestimmtes Tier einzufangen. Das schnell und hoch ausgesprochene „Putt-Putt" aus Großmutters Zeiten erweist auch heute noch gute Dienste.

CLICKER-TRAINING

Deutlich moderner, aber mindestens ebenso effektiv ist die Konditionierung der Hühner auf das Geräusch eines Clickers. Vom Clicker-Training hast du vielleicht schon mal gehört, wenn es um Hundeerziehung geht. Es funktioniert bei erstaunlich vielen Tierarten und auch Hühner begreifen das Prinzip meistens nach wenigen Tagen. Ein Clicker ist nicht groß und du kannst ihn zum Beispiel als Schlüsselanhänger an deinen Schlüsselbund hängen, oder griffbereit am Hühnerzaun deponieren.

LIEBE GEHT DURCH DEN MAGEN, auch bei Hühnern. Darum ist es kein Geheimnis, dass besonders zahme Hühner, die auch mal auf den Schoß geflogen kommen oder sich bereitwillig herumtragen lassen, zu Beginn oft mit Leckerbissen angelockt wurden. Außerordentlich gut dafür eignen sich getrocknete Mehlwürmer, gekochter Reis, geriebene Karotten mit Haferflocken und gekochte Spaghetti. Die langen Nudeln erinnern die Hühner vermutlich an einen Wurm und darum drehen manche Exemplare fast durch, wenn man ihnen Spaghetti anbietet. Nicht alle Hühner werden durch das Anfüttern handzahm. Manche bleiben nur so lange beim Menschen, bis alles aufgefuttert ist, und ziehen dann wieder von dannen. Das ist in Ordnung. Wenn du bemerkst, dass eine Henne gerne etwas Leckeres von dir annehmen würde, sich aber nicht nah genug herantraut, kannst du ihr zum Beispiel ein wenig Naturjoghurt mit einem langstieligen Löffel hinhalten. So kann sie ihren bevorzugten Sicherheitsabstand leichter einhalten. Wenn du jeden Tag zu festen Zeiten zu deinen Hühnern gehst, um dich mit ihnen zu beschäftigen, kann es übrigens sein, dass sie dank ihrer inneren Uhr schon bald sehnsüchtig auf dich warten.

MISSVERSTÄNDNISSE ZWISCHEN MENSCH UND HUHN

Hühner können sehr gut mit anderen Hühnern kommunizieren, sie können sich jedoch schlecht in die menschliche Denkweise hineinversetzen. Darum musst du versuchen, manche Dinge aus Hühnersicht zu sehen.

NÄHE

Nicht alle Hühner mögen Körperkontakt, manche sind regelrechte Kuschelhühner.

FLUCHT-VERSUCH

Dieses Zwerghuhn fliegt einfach über den Zaun und haut ab, wenn ihm etwas nicht passt.

★★★

Manchmal kann es sein, dass die Hühner nicht zu dir kommen wollen. Das kann an der Tagesform der Tiere liegen, denn auch Hühner haben mal Tage, an denen sie nicht so gut drauf sind. Vielleicht ist auch die Tageszeit unpassend. Im Sommer sind Hühner während der Mittagsstunden oft träge und lustlos. Sie halten dann nämlich gerne eine ausgiebige Siesta im Schatten der Bäume und Sträucher oder in ihrem Stall.

EIN ANDERES AUSSEHEN Hühner lassen sich auch von wechselnden Kleidungsstücken durchaus mal irritieren. Wenn du zum Beispiel immer eine grüne Jacke anziehst, wenn du zu ihnen gehst, und dann plötzlich ein rotes T-Shirt trägst, kann es wirklich sein, dass sie dich nicht gleich erkennen. Sie wirken scheinbar grundlos zurückhaltend und brauchen erst eine Weile, um sich an dein verändertes Aussehen zu gewöhnen.

KEINE VERFOLGUNGSJAGDEN Vertrauensbrücken, die man anfangs mühsam aufgebaut hat, werden auch durch wilde Verfolgungsjagden schnell zerstört. Vermeide es, hinter deinen Hühnern herzulaufen. Ausgebüxte Hühner oder Hennen, die abends nicht in den Stall gehen wollen, müssen nicht gejagt werden, damit sie dahin laufen, wo sie sollen. Man kann sie erstaunlich gut mit langsamen Schritten dirigieren. Mit der Zeit bekommst du ein Gefühl für das stressfreie Hühnertreiben und kannst das Bewegungsverhalten des Federviehs so gut einschätzen, dass Hetzjagden nicht notwendig sind.

NICHT PFEIFEN Hühner missverstehen oft Pfeiftöne. Möchte man Hühner mit Pfiffen anlocken, kann es passieren, dass sie verschwinden und sich verstecken, weil sie denken, dass ein Greifvogel am Himmel aufgetaucht wäre. Wenn du ein wildes Huhn häufiger einfangen musst, geht das übrigens am besten bei Dunkelheit. Die Hühner lassen sich vergleichsweise leicht von der Stange nehmen, weil sie im Dunkeln kaum etwas sehen. Fasse beherzt zu, sodass sie nicht wild flattern können.

Mögliche Gründe, warum Hühner eingefangen werden müssen: Die Kämme müssen im Winter eingefettet werden, um Frostschäden vorzubeugen, oder die Hühnerbeine brauchen eine wiederkehrende Behandlung gegen Fußräude.

BUDDYS

Hunde können schon im Welpenalter lernen, dass Hühner und Küken kein Futter sind.

FREUNDSCHAFT MIT ANDEREN TIEREN

Hühner sind friedliche Tiere, die anderen Haustieren kein Leid zufügen. Umgekehrt müssen die Hühner und im Besonderen die Küken manchmal vor den anderen Tieren beschützt werden.

Hühner, die mit anderen Geflügelarten zusammen gehalten werden, sieht man oft. Enten, Gänse, Puten, Perlhühner und sogar Pfauen können sich eine ausreichend große Auslauffläche mit Hühnern teilen, sollten aber nicht in den gleichen Ställen untergebracht sein. Das hat hygienische Gründe, denn manche Tierseuchen können zwischen den verschiedenen Arten leicht hin und her wechseln. Oft muss man andere Geflügelarten schon als halbwüchsige Jungtiere an die Anwesenheit der Hühner gewöhnen, damit ein Zusammenleben problemlos klappt. Gänse und Puten sind ziemlich kräftig und können ein Huhn sogar verletzen, wenn sie es nicht als „Familienmitglied" betrachten. Schließen sie jedoch Freundschaft mit den Hühnern, beschützen sie diese sogar und warnen sie vor Greifvögeln.

WEIDETIERE Auf Bauernhöfen haben Hühner oft Kontakt zu Weidetieren wie Schafen, Ziegen, Pferden oder Rindern. Hier besteht keine Gefahr, solange sich die verschiedenen Tierarten aus dem Weg gehen können. Huftiere können ein Huhn versehentlich verletzen, z. B. durch Tritte. Unsportliche Hühnerrassen, die nur langsam reagieren, sind daher keine idealen Weidegenossen.

KANINCHEN UND MEERSCHWEINCHEN Wenig empfehlenswert ist die gemeinsame Haltung von Kaninchen und Meerschweinchen. Hier können sogar die Hühner die Übeltäter sein und ihre kleineren Mitbewohner piesacken.

KATZEN UND HUNDE sind Raubtiere und man muss daher vorsichtig sein, wenn man sie an Hühner gewöhnen möchte. Viele Katzen haben Angst vor Hühnern, andere betrachten Küken und Zwerghühner als Beute und finden sie äußerst „spannend". Hier hilft nur eine katzensichere Unterbringung für die betreffenden Federtiere. Hunde kann man in der Regel erziehen. Jedoch ist für viele Hunde der Reiz groß, wenn ein hektisches Huhn vorbeiflattert. Da kann es passieren, dass sie schlagartig einen ausgeprägten Jagdtrieb entwickeln. Jedes Jahr sterben weltweit Tausende Hühner durch Hundeattacken. Am besten bringt man seinem Hund bei, dass er die Hühnerschar links liegen lässt. Er soll sie weder treiben noch bewachen, sondern idealerweise einfach wissen, dass die Hühner ihn „nichts angehen". Dazu bleibt er anfangs an der Leine. Wenn du einen braven Hund hast, der gerne mit dir bei den Hühnern ist, ohne sie zu stören, ist das viel wert.

Hühnerrassen im Porträt

ES GIBT ÜBER 2 000 HÜHNERRASSEN AUF DER WELT. HIER KANNST DU ZEHN BESONDERE RASSEN NÄHER KENNENLERNEN.

4.

ARAUCANAS – WENN HÜHNER OSTEREIER LEGEN

Die Ursprünge der Araucanas liegen im Dunkeln der Geschichte verborgen, niemand, weiß wie sie einst nach Südamerika gelangten. Aber eines ist klar, von dort aus traten sie ihren großen Siegeszug an.

Araucana-Hühner haben viele Fans und das hat einen guten Grund, denn die Hennen dieser Rasse legen wunderschöne, bunt gefärbte Eier. Die Schalenfarbe kann dabei blassblau, himmelblau, türkis oder sogar olivgrün sein. Zur Osterzeit sind solche bunten Eier besonders gefragt, weil man sie nicht extra färben muss. Araucana-Hennen legen 150 bis 200 Eier im Jahr und gelten als gute Herbst- und Winterleger. Das ist vielleicht so, weil sie ursprünglich aus einem sehr rauen Gebiet mit harten Klimabedingungen kommen. Die direkten Vorfahren der Araucanas waren nämlich die Hühner der Mapuche, eines Stammes der amerikanischen Ureinwohner, der die äußerste Südspitze Südamerikas bewohnte. Dort wird es auch im Sommer nie richtig warm und nur robuste, wetterharte Hühner konnten überleben. Wetterhart sind die Araucanas absolut, denn diese Hühner haben zum Beispiel einen kompakten Erbsenkamm, der bei Minusgraden keine Frostschäden bekommt, und sie tragen außerdem einen kecken Federbart, der das Gesicht und die stark reduzierten Kehllappen ebenfalls vor Kälte schützt.

Ein Sondermerkmal vieler Araucana-Hühner ist die Eigenheit, dass sie genetisch schwanzlos sind, weil ihrem Skelett die hintersten Schwanzwirbel fehlen. Die Hinterteile solcher Exemplare wirken daher rundlich wie bei einem Küken. Eine Variante, die meistens mit Schwanzfedern zu sehen ist, ist das in England entstandene Lavender-Araucana-Huhn, das immer hellgrau ist. Generell gibt es Araucanas aber in vielen Farben und neben der hier beschriebenen großen Variante wurde auch eine Zwergform gezüchtet, die nur 700 bis 900 Gramm wiegt. Wenn du dich jeden Tag mit deinen Araucanas beschäftigst, werden sie schnell zutraulich und laufen auch gerne mit dir gemeinsam durch den Garten.

FAKTENCHECK

Herkunft Südamerika / Chile
Gewicht 1,6 bis 2,5 Kilogramm
Häufige Farbschläge Schwarz, Blau, Weiß, Splash, Goldhalsig, Weizenfarbig, Gesperbert
Besonderheiten tragen einen Bart, sind genetisch schwanzlos und können grüne oder blaue Eier legen
Charakter selbstständig und umtriebig, dabei jedoch sehr zutraulich

BLUMENHÜHNER – BUNTE SKANDINAVIER

Laut einer Umfrage zählen Blumenhühner in Deutschland inzwischen zur beliebtesten Rasse unter Hobbyhaltern. Kein Wunder, bei diesen bunt gemischten Farbkombinationen.

FAKTENCHECK

HERKUNFT Südschweden
GEWICHT 2 bis 3 Kilogramm
HÄUFIGE FARBSCHLÄGE Weißgescheckt mit braunen, schwarzen oder grauen Grundfarben
BESONDERHEITEN Jedes Tier zeigt ein individuelles Farbmuster. Naturbrut möglich
CHARAKTER freundlich und ausgeglichen, auch die Hähne sind oft sehr friedlich.

Schwedische Blumenhühner nehmen heute eine Sonderstellung in der Welt der europäischen Hühnerrassen ein. Sie passen nämlich weder in die Gruppe der landwirtschaftlichen Hochleistungshühner noch in die Gruppe der auf perfektes Aussehen hin gezüchteten Rassehühner. Blumenhühner sind Hühner wie aus alten Tagen, als man auf den Bauernhöfen noch bunte Hühnerscharen hatte, die sich selbstständig durch Naturbrut vermehrten. Kein Blumenhuhn gleicht farblich exakt dem anderen, denn es gibt bei dieser Rasse keine Einteilung in getrennte Farbschläge, so, wie sonst üblich. Alle Grundfarben von Hellgrau, Blau, Gelb, Rot, Wildbraun, Rebhuhnfarbig, Weizenfarbig, Gold, Mahagoni bis Schwarz sind erlaubt und immer werden diese Grundfarben durch eine lebhafte weiße Scheckung aufgelockert. So ist jedes Huhn individuell gefärbt und wenn du dir eine Gruppe von zehn Blumenhühnern hältst, kannst du leicht jedes deiner Hühner auf den ersten Blick unterscheiden und ihm einen Namen geben.

Züchter halten oft zwei oder drei Blumenhähne gemeinsam mit den Hennen, weil nur so garantiert werden kann, dass die große Farbenvielfalt der Rasse auch in Zukunft erhalten bleibt. Damit die Hähne nicht so viel miteinander kämpfen, werden außerdem ruhige und friedliche Exemplare bevorzugt, was auch zu einer Selektion auf einen freundlichen Charakter geführt hat. Blumenhühner sind darum in den meisten Fällen sehr unkompliziert und eine tolle Anfängerrasse, die keine schwierigen Anforderungen an ihre Haltung stellt. Wenn du dich selbst mal in der Hühnerzucht versuchen möchtest, sind sie vielleicht die perfekte Rasse für den Einstieg. Abgesehen von den bunten Gefiederfarben sind Blumenhühner in jeder Hinsicht durchschnittliche Bauernhofhühner mit einem naturbelassenen Körperbau. Manche Hennen tragen einen kleinen Federschopf am Hinterkopf, der bei vielen alten Landrassen schon im Mittelalter immer wieder vorkam.

BLUME
Blumenhühner haben ihren Namen von den weißen Tupfen im Federkleid.
TOP!

CHABOS – URZWERGE AUS JAPAN

Von wegen, Hühner wollen von uns Menschen in Ruhe gelassen werden. Chabos sind außerordentlich zutraulich, und wenn du sie gut behandelst, suchen sie den Kontakt zu dir.

CHABO

Sie wirken klein, gedrungen und durch das aufragende Schwanzgefieder v-förmig.

★★★

HENNE

Diese Chabo-Henne besitzt ein schönes gestrupptes Gefieder.

★★★

FAKTENCHECK

HERKUNFT Japan
GEWICHT 0,5 bis 0,7 Kilogramm
HÄUFIGE FARBSCHLÄGE werden weltweit in 40 verschiedenen Farbschlägen gezüchtet
BESONDERHEITEN kleines Urzwerghuhn, sehr kurze Beine
CHARAKTER neugierig und oft sogar sehr anhänglich

Chabos sind eine der ältesten asiatischen Hühnerrassen und werden zur Gruppe der „Urzwerge" gerechnet. Ihre Vorfahren stammen vermutlich aus China und sind bereits vor über 400 Jahren mit Schiffen auf die japanischen Inseln gebracht worden, wo dann die modernen Typen der Rasse entstanden sind. Heutige Chabos wiegen circa ein halbes Kilogramm und haben ein steil aufgerichtetes Schwanzgefieder, das auch bei den Hennen über die Kopfhöhe hinaufragen kann. Dadurch wirken die Tiere von der Seite fast v-förmig. Das putzige Aussehen wird dadurch unterstrichen, dass Chabos vergleichsweise kurze Beine haben. Sie bewegen sich in kleinen Trippelschritten, sind dabei aber schneller, als man denkt! Bei manchen Varianten haben die Hähne riesengroße Kämme, bei anderen nicht. Auch gibt es Chabos in glattfiedrig, gestruppt und seidenfiedrig. Außerdem haben die Züchter im Lauf der Jahre unzählige Farbschläge herausgezüchtet. Wenn Hühnerhalter sich für Chabos entscheiden, spielt nicht nur das äußere Erscheinungsbild der drolligen Zwerge eine Rolle, sondern auch ihr neugieriger und vertrauensseliger Charakter, denn viele suchen den Kontakt zu ihrem Halter. Bei den Fototerminen für dieses Buch, hat ein frecher, schwarz-weiß gescheckter Chabo-Junghahn sich in unsere Fotografin Anna verliebt und wollte immer mit ihr mitlaufen. Solche Erlebnisse sind „typisch Chabo" und sorgen dafür, dass man Spaß an ihnen hat. Chabo-Hennen legen übrigens nur 60 bis 80 kleine, hellschalige Eier im Jahr, was für den Fortbestand der Rasse ausreicht. Naturbrut kommt recht häufig vor, denn die Hennen geraten mehrmals im Jahr in Brutlaune.

MARANS – FRANKREICHS BEKANNTESTE HÜHNERRASSE

Willensstärke, Ruhe und Gelassenheit zeichnen diese Rasse aus. Sie sind die geborenen Anführer in einer Hühnergruppe, zudem punkten sie mit ihren zahlreichen, schön gefärbten Eiern.

Marans sind weltweit die bekannteste Hühnerrasse mit französischem Ursprung. Ihren Namen schreibt man sowohl in der Mehrzahl, als auch in der Einzahl mit „s" am Ende, denn er kommt vom Fischerdorf „Marans", das malerisch an der Atlantikküste gelegen ist. Dort soll die Rasse vor über 100 Jahren entstanden sein und bei ihrer Zucht zählte anfangs nur die Farbe der Eierschalen. Diese stellt nämlich die große Besonderheit der Marans-Hühner dar, denn sie soll dunkelbraun gesprenkelt bis tiefkastanienrot sein. Solche Eier sind eine Augenweide und sie sehen zum Beispiel gemeinsam mit den türkisblauen Eiern der Araucana-Hühner von Seite 56 toll in einem gemischten Eierkorb aus. Marans-Hennen gelten als gute Leger und legen oft mehr als 200 Eier jährlich. Abgesehen von der Eierfarbe sind Marans sehr durchschnittliche Hühner, die als einziges Sondermerkmal dicht befiederte Läufe (so nennt man Hühnerbeine in der Fachsprache) haben. Wichtig zu wissen ist für dich vielleicht noch, dass die Marans vergleichsweise große Hühner sind und darum in gemischten Hühnergruppen gut zu anderen eher größeren Rassen wie Amrock, Bielefelder und Sundheimer passen. Man konnte beobachten, dass Marans außerdem gerne das Kommando in einer bunten Hühnergruppe übernehmen und sich von ihren Gruppengenossinnen oft nichts sagen lassen. Die Anführerrolle passt aber gut zu ihnen, weil sich ihr gelassener Charakter auch positiv auf die anderen Hühner auswirken kann. Marans werden nur selten gluckig, weshalb Marans-Küken meistens künstlich ausgebrütet werden. Die Küken des zahlenmäßig wichtigsten Farbschlages „Schwarz-Kupfer" erinnern in ihren ersten Lebenstagen an kleine Pinguine: Sie sind schwarzgrau mit einem hellen Bauch- und Brustbereich (siehe Foto rechts).

FAKTENCHECK

HERKUNFT Frankreich
GEWICHT 2,5 bis 4 Kilogramm
HÄUFIGE FARBSCHLÄGE Schwarz-Kupfer, Blau-Kupfer, Splash, Gesperbert
BESONDERHEITEN befiederte Beine, legen kastanienrote Eier
CHARAKTER ruhig, aber sehr durchsetzungsfähig

SEIDENHÜHNER – HÜHNER DÜRFEN PELZ TRAGEN

Als Seefahrer die ersten Seidenhühner entdeckten, beschrieben sie sie als „Wollhühner", „Fellhühner" oder sogar als Kreuzung aus Kaninchen und Huhn. Lange dachte man, es wären gar keine echten Hühner.

FAKTENCHECK

HERKUNFT China
GEWICHT 1 bis 1,7 Kilogramm
HÄUFIGE FARBSCHLÄGE Weiß, Schwarz, Blau, Splash, Gelb, Rot, Wildfarben
BESONDERHEITEN fellartiges Seidengefieder, Federhauben, 5 statt 4 Zehen pro Fuß
CHARAKTER ruhig und nicht flugfreudig

Seidenhühner gehören seit vielen Jahrzehnten zu den beliebtesten Hühnern in der Hobbyhaltung. Dafür gibt es viele Gründe, zum Beispiel die Zutraulichkeit der Seidenhühner und ihr erstaunliches Äußeres. Das fellartige Federkleid lässt sie fast wie eine Kreuzung aus Huhn und Kaninchen wirken.

SEIDIS

Seidenhühner sind perfekt als Gartenhühner geeignet.

★★★

FLUFFI

Egal welche Farbe „Seidis" haben, sie sehen immer aus, als hätten sie ein Fell.

★★★

Tatsächlich sind die „Seidis" waschechte Hühner und müssen genauso sorgfältig gehalten werden wie alle anderen Hühnerrassen auch. „Anfängerhühner", so, wie sie oft genannt werden, sind sie leider nicht, denn der gewissenhafte Seidenhuhn-Halter muss über viele Besonderheiten seiner Lieblinge Bescheid wissen. Wegen ihrer stark zerschlissenen Federn können Seidenhühner beispielsweise nur schlecht fliegen und fühlen sich darum am Boden sicherer. Zudem brauchen sie tief gelegene Sitzstangen und niedrig angebrachte Legenester, die sie problemlos erreichen können. Viele Seidenhühner tragen außerdem eine Federhaube auf dem Kopf, die regelmäßig ausgeschnitten werden muss, damit sie das Sichtfeld der Tiere nicht verdeckt. Probleme bereiten oft auch verdreht gewachsene Krallen an den Füßen, denn Seidenhühner haben mehr Zehen als andere Hühner und oft nutzen sich die Krallen der Zusatzzehen nicht ausreichend ab.

In bunten Hühnergruppen sollten Seidenhühner nur mit Zwerghühnern und sehr ruhigen Rassen vergesellschaftet werden, da sie sonst oft in der Hackordnung benachteiligt sind. Hört sich das für dich kompliziert und aufwendig an? Dann lass besser für den Anfang die Finger von den Seidenhühnern und fang lieber mit einer wirklich pflegeleichten Rasse an, wie zum Beispiel den Zwerg-Wyandotten von Seite 74. Für all jene, denen der Mehraufwand, den die Seidenhuhn-Haltung mit sich bringt, nichts ausmacht, können Seidenhühner sehr liebenswerte Pfleglinge sein, die immer wieder für Überraschungen sorgen. Viele Seidenhühner sind zum Beispiel wahre Superglucken und wollen schon mitten im Winter zum ersten Mal im Jahr Küken ausbrüten. Zuverlässig brüten Seidenhuhn-Glucken auch die Küken von anderen Hühnerrassen und sogar von Fasanen und Rebhühnern aus, sodass Jäger sie gerne als „Adoptivmütter" für die Vermehrung des Wildgeflügels einsetzen.

SERAMAS – DIE KLEINSTEN HÜHNER DER WELT

Wenn du Angst vor Hühnern hast, sind Seramas perfekt für dich. Mit ihrer geringen Körpergröße und ihrem fröhlichen Wesen sind sie gar nicht einschüchternd.

FAKTENCHECK

HERKUNFT Malaysia
GEWICHT 280 bis 550 Gramm
HÄUFIGE FARBSCHLÄGE Alle Hühnerfarben sind erlaubt und kommen vor
BESONDERHEITEN extrem klein, stark aufgerichteter Körperbau
CHARAKTER neugierig und sehr menschenbezogen

Das Serama-Zwerghuhn, öfter auch als „Ayam Serama" bezeichnet, gilt offiziell als die kleinste Hühnerrasse der Welt und wird nur halb so groß wie eine gewöhnliche Straßentaube. In ihrer Heimat Malaysia werden Seramas eher als Stubenvögel denn als Nutzgeflügel betrachtet. Sie leben dort oft dicht mit den Menschen zusammen, zum Beispiel in Käfigen, die direkt in den Wohnungen stehen. Für uns Europäer liest sich das ungewöhnlich und hierzulande wollen wir die Seramas auch bewusst nicht als Käfigvögel halten. Sie sind für ein ganz normales Hühnerleben geeignet, obwohl sie zum Beispiel im Winter keine Minusgrade mögen und leichter frieren als andere Hühner. Dennoch freuen sich Seramas zum Beispiel über ein schönes Freigehege zum Scharren, Grünzeugzupfen und Sandbaden.

Die geringe Größe der Seramas bringt es mit sich, dass sie stets sicher untergebracht sein müssen. Denn schon Hauskatzen stellen eine große Gefahr für die Mini-Hühnchen dar. Idealerweise lässt du deine Seramas nur unter Aufsicht frei im Garten laufen und bringst sie ansonsten in einem geräumigen Stall mit sicherer Voliere unter. So können sie an die frische Luft und sind trotzdem in Sicherheit. Seramas sind tolle Pfleglinge, weil sie unglaublich schnell Vertrauen zu ihrem Halter fassen. Viele Rassevertreter flattern freiwillig auf den Schoß oder die Schulter ihres Menschen und manche wollen bei jeder Gartenparty auf dem Kaffeetisch mitnaschen. Man muss aufpassen, dass nicht plötzlich winzige Hühner-Fußspuren in der Sahnetorte zu entdecken sind! Auch optisch werden Seramas nicht langweilig, egal, wie viele man hat, denn bei dieser Rasse gibt es keine Regeln, was die Farbgebung anbelangt. Alle bei Hühnern bekannten Farben kommen theoretisch vor und immer wieder entstehen sogar völlig neue, die bisher nicht bekannt waren. So macht auch das Züchten Spaß, denn jedes Küken ist eine Überraschung. Leider ist die Zucht eher schwierig, denn Serama-Hennen legen nur ca. 60 Eier im Jahr und die Befruchtungsquote ist oft miserabel. Die geschlüpften Küken sind anfangs sehr kälteempfindlich und brauchen viel Fürsorge. Für den Einstieg in die Zucht sind die Seramas daher eher ungeeignet.

SERAMA

Seramas gelten als die kleinste Hühnerrasse der Welt, sie sind kleiner als Tauben.

★★★

MINIS

SULMTALER – EIN HUHN FÜR ALLE FÄLLE

Wenn du auf einem Bauernhof lebst und deine Hühner frei herumlaufen sollen, sind Sulmtaler ideal: Sie sind robust, standorttreu und legen viele Jahre lang eine erstaunliche Menge an Eiern.

Das Sulmtaler Huhn war Anfang des 20. Jahrhunderts das Lieblingshuhn am Wiener Kaiserhof. Allerdings nicht, weil der Kaiser und sein Gefolge so große Hühnerfreunde waren, sondern weil das Sulmtaler Huhn angeblich das beste Fleisch von allen Hühnern im Kaiserreich der österreich-ungarischen Monarchie hatte. In seiner Vergangenheit war das Sulmtaler Huhn also eine Fleischrasse oder, um es vornehmer auszudrücken, ein „Tafelhuhn". Erst später entdeckte man, dass diese alte Rasse mit Wurzeln in den Ackerbaugebieten der Steiermark, auch ein tolles, robustes Legehuhn ist. In Bayern züchtete man im Laufe des 20. Jahrhunderts dann sogar reine Legelinien von Sulmtalern, die mehr als 200 Eier im Jahr schaffen. Diese existieren bis heute und sind als „Triesdorfer Sulmtaler" bekannt. Inzwischen ist das Sulmtaler Huhn ein Huhn für alle Fälle geworden. Es ist weit bekannt und wird von Selbstversorgern, Rassezüchtern und Gartenhühnerhaltern gleichermaßen geschätzt. Selbst als Wirtschaftshuhn auf kleinbäuerlichen Betrieben hat es in seiner Heimat Österreich noch immer einen gewissen Stellenwert. Neben der großen Standardvariante, die im Schnitt um die 3 Kilogramm wiegt, gibt es mit dem „Zwerg-Sulmtaler" auch eine Miniaturversion, die nur ca. 1 Kilo auf die Waage bringt. Auch die Zwerg-Sulmtaler sind gute Leger. Die wichtigste Farbvariante der Sulmtaler ist „Weizenfarbig" in verschiedenen Kombinationen, z. B. mit Blau und Silber. Auch weiße Sulmtaler sind im Umlauf.

Alle Sulmtaler Hühner werden nur zahm, wenn du dich viel mit ihnen beschäftigst. Regelmäßige Futtergaben aus der Hand und ein ruhiger Umgang sind wichtig, damit sie Vertrauen fassen. Zu den besten Eigenschaften der Sulmtaler zählt ihre Langlebigkeit und die gute Anpassung an das mitteleuropäische Klima. Viele Hennen legen sogar im Alter von sechs bis acht Jahren noch gelegentlich ein Ei.

FAKTENCHECK

HERKUNFT Österreich
GEWICHT 2,5 bis 4 Kilogramm
HÄUFIGE FARBSCHLÄGE Weizenfarbig, Blau-Weizenfarbig, Silber-Weizenfarbig, Weiß
BESONDERHEITEN kecker Federschopf am Hinterkopf
CHARAKTER aufmerksam, mittelmäßig zahm

YOKOHAMAS – ELEGANTE LANGSCHWANZHÜHNER

Das Yokohama-Huhn begeistert durch seine einzigartige Schönheit und wird oft als das schönste Huhn der Welt bezeichnet. Das ist natürlich Geschmacksache. Es fasziniert auch wegen seiner naturnahen Verhaltensweise.

STOLZ

Der stolze Yokohama-Hahn hat lange weiße Schwanzfedern.

★★★

SÜSS

Die Küken werden auch „Rotkäppchen" genannt, wegen ihrer rötlichen Köpfe.

★★★

FAKTENCHECK

HERKUNFT Japan
GEWICHT 1,8 bis 2,5 Kilogramm
HÄUFIGE FARBSCHLÄGE Weiß-Rot-Gezeichnet und Weiß
BESONDERHEITEN sehr lange Schwanzfedern, Wulstkamm
CHARAKTER aufgeweckt und lernfreudig, gut zähmbar

Das Yokohama-Huhn wird wegen seines fasanenartigen Aussehens oft als exotische Rasse abgestempelt und viele denken, dass es schwierig zu halten sei. Tatsächlich sind Yokohamas ganz normale Haushühner und sie werden dir als Vertreter einer großen Gruppe von Hühnerrassen vorgestellt, den sogenannten „Langschwanzhühnern". Sie heißen so, weil sowohl Hähne als auch Hennen überdurchschnittlich lange Schwanzfedern haben. Das sieht sehr schön aus und sie werden fast ausschließlich zur Zierde gehalten. Bei manchen Langschwanzrassen wie Onagadori, Ohiki und Phönix sind die Sichel- und Sattelfedern der Hähne jedoch so lang, dass sie ständig am Boden schleifen. Daher lassen die Züchter ihre wertvollsten Tiere oft nur bei schönem Wetter für ein paar Stunden ins Freie, was für die Tiere bedauerlich ist. Bei den Yokohamas ist das zum Glück kein Problem, denn ihre Federn haben eine vergleichsweise pflegeleichte Länge. Yokohamas sind wetterunempfindliche, selbstständige Hühner, die bei ausreichendem Freilauf auch gute Futtersucher sind. Die Hähne der Rasse sind auffallend friedlich und werden wie die Hennen handzahm. Als Küken sehen die Yokohama sehr niedlich aus, weil sie ein rotes Köpfchen zu einem heller gefärbten restlichen Flaumkleid tragen. Yokohama-Hennen sind gute Glucken, die ihre Kükenschar unbesorgt an vertraute Menschen heranführen. So werden schon die Kleinen zutraulich. Die gezielte Zucht perfekter Yokohama-Hühner mag etwas für Fortgeschrittene sein, aber ihre Haltung ist nicht schwer. Einzige Voraussetzung ist genügend Platz, denn in einem winzigen Stall oder Freigehege können die langen Schwanzfedern dieser Hühner nicht wirken!

Hier ist der seltene Farbschlag Perlgrau-Gesperbert zu sehen.

ZWERG-COCHINS – RUHE UND GELASSENHEIT

Ihre Geschichte lässt sich bis an den chinesischen Kaiserhof zurückverfolgen, denn einst wurden diese Hühner nur dort gezüchtet. Die ersten Zwerg-Cochins, die nach Europa gelangten, waren ein Geschenk für die englischen Königin.

FAKTENCHECK

HERKUNFT China
GEWICHT 0,7 bis 0,9 Kilogramm
HÄUFIGE FARBSCHLÄGE Porzellan, Gescheckt, Gesperbert, Schwarz, Perlgrau, Rot, Gelb, Weiß und viele weitere
BESONDERHEITEN kugelrunder Gesamteindruck, federfüßig
CHARAKTER sehr ruhig, keine hektischen Bewegungen, freundlich

Zwerg-Cochins haben einen kompakten Körperbau und ein überdurchschnittlich dichtes Federkleid. Dadurch wirken sie von der Seite betrachtet kugelrund und sind ein netter Anblick. Weil man ihre eher kurzen Beine im grünen Gras meistens nicht sieht, entsteht der Eindruck, als würde ein Federball über die Rasenfläche rollen. Als Gartenhühner sind die Zwerg-Cochins auch gut geeignet, weil sie nicht gerne fliegen und sich schon mit einem hüfthohen Zaun oder einer Hecke gut eingrenzen lassen. Wegen der starken Fußbefiederung (das sind die Federn an den Läufen) scharren Zwerg-Cochins weniger als andere Hühnerrassen und richten darum kaum ernsthafte Schäden in Blumenbeeten oder Staudenpflanzungen an. Ein Nachteil der Zwerg-Cochins ist, dass sich in ihren dichten Federn häufig Parasiten wie Federlinge und Milben einnisten. Regelmäßige Kontrollen sind daher wichtig. In matschigen Ausläufen und verdreckten Ställen nimmt die Fußbefiederung der Zwerg-Cochins schnell Schaden, weshalb eine saubere und hygienische Haltung bei dieser Rasse oberstes Gebot sein sollte. Ursprünglich stammen die Zwerg-Cochins aus China, wo sie seit vielen Jahrhunderten bekannt sind und immer schon reine Zierhühner waren. Mit 60 bis 80 Eiern im Jahr legen die Hennen gerade so viel, dass für genügend Küken gesorgt ist. Die Hennen geraten häufig in Brutlaune und sind fürsorgliche Mütter. Mit den großen Cochin-Hühnern sind die Zwerg-Cochins übrigens trotz des Namens nicht verwandt. Sie gelten als eigenständige Rasse, die man wie die Chabos von Seite 60 zu den „Urzwergen" zählt. Von allen Rassen, die dir in diesem Buch näher vorgestellt werden, hat das Zwerg-Cochin-Huhn den ruhigsten und friedlichsten Charakter. Es wird leicht zahm, wenn man sich mit ihm beschäftigt, und selbst wenn es mal abhauen sollte, kann man es meistens leicht wieder anlocken und einfangen. Weil es eine so tolle Rasse für den Einstieg in die Hühnerhaltung ist, wurde es auch für das Titelbild dieses Buch ausgewählt und du hast es bestimmt schon auf dem Cover entdeckt.

PUSCHEL-POPO

Sie sind bunt, puschelig und gutmütig und haben dadurch viele Fans.

★★★

ZWERG-WYANDOTTEN – GUTMÜTIGE WUSCHELPOPOS

Bunt, nützlich, freundlich, unkompliziert, futterdankbar und widerstandsfähig sind die lobenden Eigenschaften der Zwerg-Wyandotten. Das macht sie zu einer der empfehlenswertesten Rassen für jeden Hühnergarten.

FAKTENCHECK

HERKUNFT Nordamerika
GEWICHT 0,8 bis 1 Kilogramm
HÄUFIGE FARBSCHLÄGE Columbia, Gesäumt, Gebändert, Gescheckt, Gestreift sowie zahlreiche einfarbige Farbschläge
BESONDERHEITEN flacher Rosenkamm, rundliches Schwanzgefieder, gute Bruteigenschaften
CHARAKTER lebhaft aber dabei nicht nervös, bewegungsfreudig aber dennoch flugfaul

Zwerg-Wyandotten haben einen sehr interessanten Charakter, denn obwohl sie eigentlich sehr geschäftige und aktive Hühner sind, die am liebsten den ganzen Tag lang im Freigelände herumwuseln, sind sie doch zugleich auch wenig schreckhaft und oft sogar überraschend gutmütig. Sie flattern nur wenig, obwohl sie theoretisch gut fliegen könnten. Wer schon mal versucht hat, eine Zwerg-Wyandotte einzufangen, wird gemerkt haben, dass das leichter gelingt als gedacht. Das angenehme Naturell der Zwerg-Wyandotten in Kombination mit einer großen Vielfalt an Farbschlägen hat dafür gesorgt, dass die Zwerg-Wyandotte auf Geflügelausstellungen in Deutschland und Österreich die häufigste Rasse verkörpert. Sowohl Neueinsteiger als auch erfahrene Züchterinnen und Züchter begeistern sich für die Zucht dieses Huhns, das ursprünglich aus Nordamerika stammt. Trotz ihrer geringen Größe legen die Zwerg-Wyandotten erstaunlich große Eier von ca. 45 Gramm Eigewicht und sind darum auch empfehlenswert, wenn man ein unkompliziertes Gartenhuhn sucht, das einen mit Frühstückseiern versorgt. Die Legeleistung ist bei den einzelnen Farbschlägen jedoch recht unterschiedlich und kann zwischen 150 und 220 Eiern im Jahr schwanken.

Auf den ersten Blick ist die Zwerg-Wyandotte ein Huhn ohne Sondermerkmale, doch bei genauerem Hinsehen kannst du zwei rassetypische, spezielle Merkmale an ihr entdecken: 1. Sie hat immer einen flach am Kopf anliegenden Rosenkamm ohne Zacken und 2. sie hat ein dicht befiedertes, abgerundetes Schwanzgefieder, das an einen Wattebausch erinnert. Durch diese Eigenheit hat das Zwerg-Wyandott-Huhn auch seinen scherzhaften Spitznamen „Wuschelpopo" bekommen.

Eigentlich waren die Zwerg-Wyandotten ursprünglich als verkleinerte Form des großen Wyandott-Huhns gedacht, das früher einmal beliebt war und 2,5 bis 3,5 Kilogramm wiegt. Inzwischen züchtet aber kaum noch jemand große Wyandotten und die Zwerge haben hier in puncto Beliebtheit eindeutig die Nase - oder den Schnabel - vorn.

Service

YEAH!

ZUM WEITERLESEN

WEITERES VOM AUTOR

Wenn du und deine Familie noch mehr Bücher von Robert Höck lesen wollt, empfehlen wir:
Happy Huhn: Von dem Vergnügen, glückliche Hühner halten zu dürfen. Cadmos 2018.
Happy Hühnergarten: Von dem Vergnügen, mit glücklichen Hühnern gärtnern zu dürfen. Cadmos 2019
Happy Küken: Von dem Vergnügen, glückliche Glucken bei der Kindererziehung erleben zu dürfen. Cadmos 2020

YOUTUBE-SERIE HAPPY HUHN

Ihr habt Lust auf viele Rassen, andere Hühnerhalter und ausgefallene Ställe? Dann schaut doch mal vorbei bei Robert Höcks Youtube-Channel.

WEITERE HÜHNERBÜCHER DES KOSMOS-VERLAGES

Hier ist noch mehr Lesestoff rund ums Huhn:
Casteel, Eva-Maria: **Hühner – so geht es deinen Tieren gut.** Kosmos 2024
Schiffer, Juliane und Carola Hotze: **Hühner halten – artgerecht und natürlich.** Kosmos 2017
Usbeck, Ralf-Wigand: **Hühner halten – ganz einfach: Auswahl, Ställe, Haltung und Pflege.** Kosmos 2020

TIPP

TOP

HÜHNERSHOP

Du möchtest tolle Futtermischungen für deine Hühner oder brauchst Heilkräuter für deine bunte Geflügelschar? Auch schöne Auststatungsideen für den Hühnerstall, Streu sowie Tipps und Know-How findest du hier.

https://www.huehner-shop.com

TOLLE STÄLLE

Tolle Ställe macht HeiniCoop. Sie sind sehr hühnerfreundlich und der Mann dahinter, Dirk, macht sehr viel für Schulen und Kinder und ist ein herzensguter Mensch. Falls ihr einen fertigen Hühnerstall für euren Garten konfigurieren lassen wollt, schaut mal hier vorbei.

http://www.heinicoop-shop.de

DER AUTOR

Robert Höck ist Youtuber mit der erfolgreichen Serie „Happy Huhn". Er steht für artgerechte Hühnerhaltung, zudem sind ihm alte Hühnerrassen wichtig. Bei seinen Dreharbeiten in Deutschland, Österreich und der Schweiz trifft er häufig auf Familien mit Kindern und es macht ihm Freude, Kinder an den Umgang mit Hühnern heranzuführen. Er lebt auf einem Bio-Bauernhof in Tirol mit vielen Hühnern unterschiedlicher Rassen, Pfauen, Fasane, Wachteln, Honigbienen, Hunden, Schafen und Katzen.

REGISTER

BILDNACHWEIS

89 Farbfotos wurden von Anna Auerbach/Kosmos für dieses Buch aufgenommen.
Weitere Farbfotos von Robert Höck (3: S. 60 rechts, 63 oben und Mitte), Shutterstock (Olesia Bekh 1: S. 8, Wim Hoek 1: S. 35 links, Jo Hunter 1: S. 35 rechts), Trio Bildarchiv (Pia Czasch 1: S. 74, Maren Leuker: 6: S. 37 rechts, 57 oben und unten, 64, 65 beide und Frank Teigler 1: S. 68 oben).

IMPRESSUM

Umschlaggestaltung von **Jeanne van Stuyvenberg/die Basis** nach dem Gestaltungskonzept von **Atelier Bea Klenk** unter Verwendung von fünf Farbfotos von **Anna Auerbach/Kosmos** und alle Illustrationen der hinteren Innenklappe von **freepik.com@pch.vector** (Hühner, Getreide, Petersilie, Insekten) und **freepik.com@studiogstock** (Hintergrund)

Mit 108 Farbfotos und 20 Illustrationen

HAFTUNGSAUSSCHLUSS

Alle Angaben in diesem Buch erfolgen nach bestem Wissen und Gewissen. Sorgfalt bei der Umsetzung ist indes dennoch geboten. Der Verlag und der Autor übernehmen keinerlei Haftung für Personen-, Sach- oder Vermögensschäden, die aus der Anwendung der vorgestellten Materialien und Methoden entstehen könnten. Auch wenn sich dieses Buch direkt an die Kinder wendet, sind die Erziehungsberechtigten ihrer Aufsichtspflicht nicht enthoben.

Unser gesamtes Programm finden Sie unter **kosmos.de.**
Über Neuigkeiten informieren Sie regelmäßig unsere Newsletter, einfach anmelden unter **kosmos.de/newsletter.**

Gedruckt auf chlorfrei gebleichtem Papier

ISBN 978-3-440-17192-9
REDAKTION Alice Rieger
GESTALTUNGSKONZEPT eyecon brand design, Bielefeld
GESTALTUNG UND SATZ DIE LOTSEN GbR, Marbach
PRODUKTION Nina Renz
DRUCK UND BINDUNG FIRMENGRUPPE APPL, aprinta druck, Wemding
Printed in Germany / Imprimé en Allemagne

FSC
www.fsc.org
MIX
Papier | Fördert gute Waldnutzung
FSC® C004592